As pessoas de hoje veem frequentemente o te...
com suspeita e descaso, mas Michael Reeves mostra-nos que o temor piedoso nada mais é do que o amor a Deus como Deus. Reeves também nos ajuda a ver que o maior fator para desenvolver o temor a Deus é conhecer a sua graça em Cristo. Como disse John Bunyan: "Não há nada no céu ou na terra que possa inspirar tanto o coração quanto a graça de Deus." Este livro maravilhoso não só nos ensina como também soa como música, levando-nos a nos "alegrarmos com tremor" (Sl 2.11).

Joel R. Beeke, Presidente e Professor de Teologia Sistemática e Homilética, Puritan Reformed Theological Seminary.

O temor do Senhor é o princípio da sabedoria, diz a Bíblia, e a leitura deste livro o tornará sábio para conhecer quem Deus é e o que ele exige de nós, por meio de um discipulado amoroso e receptivo. Repleto de pepitas históricas, *O Temor do Senhor* merece ser amplamente lido. "Andar no temor do Senhor" é uma linguagem que desapareceu em grande parte da igreja contemporânea. O resultado é a qualidade insípida de uma grande parte do cristianismo atual. Retomar o sentido da incompreensível grandeza e santidade de Deus é o antídoto necessário que este livro fornece. Um livro que é uma joia absoluta.

Derek W. H. Thomas, Ministro Sênior, Primeira Igreja Presbiteriana em Columbia, Carolina do Sul; Professor Chanceler de Teologia Sistemática e Pastoral do Reformed Theological Seminary.

Vivemos dias de grandes temores (temor de um colapso financeiro, temor de ataques terroristas, de desastres climáticos, de uma pandemia mortal); todos os tipos de temores, exceto o mais importante de todos: o temor reverencial a Deus. De forma que é necessário, então, este maravilhoso estudo de um tema muito negligenciado, que é central nas Escrituras e vital para o florescimento humano.

Michael A. G. Haykin, Presidente e Professor de História da Igreja, no Southern Baptist Theological Seminary.

Costumávamos cantar um hino que dizia: "Ó como temo a ti, Deus vivo! Com os mais profundos e ternos temores." Esse hino já não é mais cantado, mas as primeiras linhas nos lembram o que está nos faltando: "Meu Deus, quão maravilhoso tu és, tua majestade é resplandecente." Só aqueles que consideram Deus "maravilhoso" e a sua majestade "resplandecente" experimentam o "temor" mais "terno". Esses termos, colocados juntos, sugerem um conflito de ideias; mas, você encontrará ajuda na leitura de *O Temor do Senhor*. Como um irmão mais velho, Michael Reeves nos guia a uma nova compreensão do temor do Senhor. No percurso, ele nos apresenta a alguns dos seus amigos - mestres na escola de discipulado - que trilharam o caminho antes de nós. Junte-se a ele na jornada. Em breve você descobrirá porque "o Senhor agrada-se dos que o temem" (Sl 147.11).

Sinclair B. Ferguson, Professor Chanceler de Teologia Sistemática do Reformed Theological Seminary.

Michael Reeves nos deu algo que precisamos muito e provavelmente não percebemos: um renovado encontro com o emocionante temor do Senhor. Este livro trará renovada devoção e deleite. Depois de lê-lo, mal posso esperar para lê-lo novamente!

Sam Allberry, apologista; Pastor Associado, Igreja Immanuel - Nashville.

R332t   Reeves, Michael (Michael Richard Ewert)
            O temor do Senhor : experimente a alegria de conhecer a Deus / Michael Reeves ; [tradução: Valdir Pereira dos Santos]. – São José dos Campos, SP: Fiel, 2022.

            Inclui referências bibliográficas.
            ISBN 9786557231524 (epub)
                   9786557231517 (brochura)

            1. Deus (Cristianismo) – Adoração e amor. 2. Temor de Deus – Cristianismo. I. Título.

CDD: 231.6

Catalogação na publicação: Mariana C. de Melo Pedrosa – CRB07/6477

O Temor do Senhor: Experimente a alegria de conhecer a Deus

Traduzido do original em inglês *Rejoice and Tremble: The Surprising Good News of the Fear of the Lord* por Michael Reeves
Copyright © 2021 por Michael Reeves

Publicado em inglês por Crossway
1300 Crescent Street
Wheaton, Illinois 60187

Copyright © 2021 Editora Fiel
1ª Edição em português 2022

Todos os direitos em língua portuguesa reservados por Editora Fiel da Missão Evangélica Literária.

Proibida a reprodução deste livro por quaisquer meios, sem a permissão escrita dos editores, salvo em breves citações, com indicação da fonte.

∎

Diretor: Tiago J. Santos Filho
Editor: Tiago J. Santos Filho
Coordenação editorial: Gisele Lemes
Tradução: Valdir Pereira dos Santos
Revisão: Thatiane Julie A. Rodrigues
Diagramação: Wirley Correa - Layout
Capa e Arte-final: Rubner Durais
ISBN: 978-65-5723-151-7
ISBN ebook: 978-65-5723-152-4

FIEL Editora
Caixa Postal 1601
CEP: 12230-971
São José dos Campos, SP
PABX: (12) 3919-9999
www.editorafiel.com.br

MICHAEL REEVES
O TEMOR DO SENHOR

EXPERIMENTE A ALEGRIA DE CONHECER A DEUS

FIEL
Editora

O Ministério Fiel dedica a publicação desta obra em português a Marilene Lino Paschoal (1946-2021), missionária, serva do Senhor, alguém cuja vida foi uma marcante evidência do santo temor a Deus.

Marilene cooperou para a publicação de centenas de livros ao longo de décadas de serviço junto à Editora Fiel, sendo este livro o último no qual ela trabalhou, tendo servido em sua revisão final até os últimos dias de sua vida.

Para Rob e John, meus queridos amigos.

Numa Amizade perfeita, esse amor Apreciativo é, penso eu, frequentemente tão elevado e tão fundamentado que cada membro desse círculo se sente, no fundo do coração, humilhado diante dos outros. Às vezes, ele questionará o que faz entre aqueles que são melhores que ele. Ele tem muita sorte de estar na companhia deles, especialmente quando todo o grupo se reúne, cada um contribuindo com o seu melhor, com o que tem de mais sábio ou mais divertido. Essas são as melhores reuniões: quando quatro ou cinco de nós vamos até o nosso refúgio depois de um dia de muito trabalho. Quando colocamos nossos chinelos, nossos pés esticados em direção ao fogo da lareira e nossas bebidas ao alcance de nossas mãos; quando o mundo inteiro, e mesmo algo além do mundo, se abre para nossas mentes à medida que falamos. E ninguém reivindica ou tem qualquer responsabilidade com o outro, mas todos são livres e iguais, como se tivessem se encontrado há uma hora; ao mesmo tempo que, uma Afeição enternecida pelos anos nos envolve. A vida — a vida natural — não possui dádiva melhor que essa para dar. Quem poderia merecer isso?

C.S. LEWIS, *Os Quatro Amores*

Sumário

Prefácio *11*

I — Não tenha medo! *13*

II — Temor pecaminoso *31*

III — Temor correto *55*

IV — Deslumbrados pelo Criador *85*

V — Deslumbrados pelo Pai *115*

VI — Como crescer neste temor *135*

VII — A igreja fantástica *167*

VIII — Eterno êxtase *197*

Prefácio

NOSSAS CONVICÇÕES E VALORES INTRÍNSECOS moldam nossas vidas e nossos ministérios. Na *Union* - Ministérios Cooperativos da *Union School of Theology, Union Publishing, Union Research* e *Union Mission* (visite www.theolo.gy) - desejamos crescer e apoiar homens e mulheres que queiram se deleitar em Deus, crescer em Cristo, servir à igreja e abençoar o mundo. A série da qual este livro faz parte é uma tentativa de expressar e compartilhar esses valores. São valores que fluem da beleza e da graça de Deus.

O Deus vivo é tão glorioso e bondoso que não pode ser conhecido sem que seja adorado. Aqueles que realmente o conhecem também o amam; e sem esse deleite sincero em Deus, não passamos de hipócritas vazios. Essa adoração a Deus se manifesta necessariamente em um desejo de crescer na semelhança de Cristo. Tal adoração também fortalece o amor pela noiva preciosa de Cristo, a igreja, e o desejo de servi-la em humildade, ao invés de usá-la. E, finalmente, amar a Deus nos leva a compartilhar seus interesses, especialmente o de ver sua glória, que sustenta a vida, encher a terra.

Minha esperança - e oração - é que este livro abençoe você e sua igreja conforme desenvolvem um deleite mais profundo em Deus, que transborda em efusiva integridade, humildade, semelhança com Cristo, amor pela igreja e desejo de fazer discípulos de todas as nações.

Michael Reeves
EDITOR DA SÉRIE

I
Não tenha medo!

Buuu!

Essa é uma das primeiras palavras que nos agradam. Quando crianças, gostávamos de assustar nossos amigos gritando assim. Mas, ao mesmo tempo, tínhamos medo do escuro e dos monstros debaixo da cama. Ficávamos fascinados e, ao mesmo tempo, repulsivos aos nossos medos. E quando crescemos, as coisas não mudam muito: nós, adultos, gostamos de filmes assustadores e emocionantes, que nos colocam frente a frente com nossos piores medos. Mas também nos sentimos mal e agonizamos com todas as coisas sombrias e terríveis que podem nos acontecer, como: perdermos a vida, a saúde ou entes queridos, fracassarmos ou sermos rejeitados. O medo é provavelmente a mais forte das emoções humanas. Mas é uma emoção que nos confunde.

Temer ou não temer?

Quando chegamos à Bíblia, o quadro parece igualmente confuso: o medo é uma coisa boa ou ruim? O medo é algo para se abraçar ou fugir dele? Muitas vezes, a Escritura expõe claramente o medo como algo ruim, do qual Cristo veio nos resgatar. O apóstolo João escreve: "No amor não existe medo; antes, o perfeito amor lança fora o medo. Ora, o medo produz tormento; logo, aquele que teme não é aperfeiçoado no amor" (1Jo 4.18).

Zacarias, o pai de João Batista, profetizou que a salvação de Jesus era para conceder-nos que,

> (...) livres das mãos de inimigos, o adorássemos sem temor, em santidade e justiça perante ele, todos os nossos dias. (Lc 1.74-75)

O autor de Hebreus concorda, argumentando que Cristo veio especificamente para libertar "todos que, *pelo pavor* da morte, estavam sujeitos à escravidão por toda a vida" (Hb 2.15).

De fato, a ordem mais frequente na Escritura é "não temais". No entanto, vez após vez na Escritura somos chamados a temer. Talvez ainda mais estranhamente, somos chamados a temer a *Deus*. O versículo que rapidamente vem à mente é Provérbios 9.10:

> O temor do Senhor é o princípio da sabedoria,
> e o conhecimento do Santo é prudência.

Embora esse seja o mais conhecido, está longe de ser um versículo isolado. No início do livro de Provérbios nós lemos:

> O temor do Senhor é o princípio do saber, mas os loucos desprezam a sabedoria e o ensino. (Pv 1.7)

Davi ora:

> Ensina-me, Senhor, o teu caminho, e andarei na tua verdade; dispõe-me o coração para só temer o teu nome. (Sl 86.11)

Isaías diz a Sião: "O temor do Senhor será o teu tesouro" (Is 33.6). A fidelidade de Jó se resume em sua descrição como um "homem íntegro e reto, temente a Deus e que se desvia do mal" (Jó 1.8). E isto não é algo meramente circunstancial do Antigo Testamento que é exaltado no Novo Testamento. No Magnificat, Maria diz:

"A misericórdia [do Senhor] vai de geração em geração sobre os que o temem" (Lc 1.50). Jesus descreve o juiz iníquo como alguém "que não temia a Deus, nem respeitava homem algum" (Lc 18.2). Paulo escreve: "Tendo, pois, ó amados, tais promessas, purifiquemo-nos de toda impureza, tanto da carne como do espírito, aperfeiçoando a nossa santidade no temor de Deus" (2Co 7.1); e também escreve: "Servos, obedecei em tudo ao vosso senhor segundo a carne, não servindo apenas sob vigilância, visando tão somente agradar homens, mas em singeleza de coração, temendo ao Senhor" (Cl 3.22). Claramente, o Novo Testamento concorda com o "Pregador" ao concluir o livro de Eclesiastes: "De tudo o que se tem ouvido, a suma é:

Teme a Deus e guarda os seus mandamentos; porque isto é o dever de todo homem" (Ec 12.13). De fato, o temor de Deus é um tema tão importante nas Escrituras que o professor John Murray escreveu simplesmente que "o temor de Deus é a alma da piedade".[1] O Puritano John Owen, do século 17, igualmente argumentou que nas Escrituras "o temor do Senhor" significa "a adoração total a Deus, moral ou instituída, como também toda a obediência que lhe devemos".[2] E Martinho Lutero ensinou em seu *Catecismo Menor* que o cumprimento da lei significa que "devemos temer, amar e confiar em Deus acima de todas as coisas".[3] Ao conduzir o seu povo pelos ensinos dos Dez Mandamentos, Lutero escreveu que uma correta compreensão de cada mandamento depende do entendimento de que "devemos temer e amar a Deus".

Tudo isso pode nos deixar bastante confusos. Por um lado, nos dizem que Cristo nos liberta do medo; por outro, nos dizem que devemos temer - e temer a Deus, não menos que isso! Isto pode nos deixar desanimados e desejando que "o temor de Deus" não fosse uma ideia tão proeminente na Escritura. Já temos medos suficientes, e não precisamos acrescentar mais, muito obrigado! Temer a Deus soa como algo tão negativo que

---

1. John Murray, Principles of Conduct: Aspects of Biblical Ethics (London: Tyndale, 1957), 229 [edição em português: Princípios de Conduta – Aspectos da Ética Cristã (DF: Editora Monergismo, 2020).

2. John Owen, *Temptation and Sin, vol. 6 of The Works of John Owen*, ed. William H. Goold (Edinburgh: Banner of Truth, 1967), 382 [edição em português: *Para Vencer o Pecado e a Tentação* (Rio de Janeiro: Editora Cultura Cristã, 2019)].

3. Martinho Lutero, *Catecismo Menor* - 1529 (São Leopoldo: Editora Sinodal, 1983).

parece não se ajustar ao Deus de amor e graça que encontramos no evangelho. Por que um Deus que vale a pena amar iria desejar ser temido?

A coisa se torna pior pela impressão de que o medo e o amor são duas linguagens diferentes, preferidas por dois grupos distintos de cristãos - talvez sejam duas teologias diferentes. Um grupo fala de amor e graça e nunca do temor a Deus; e o outro grupo, parece estar irritado com isso e enfatiza o quanto devemos ter medo de Deus. O temor de Deus é como água fria sobre o amor que o cristão tem por Deus. Temos a impressão de que o temor de Deus deve ser o equivalente ao sombrio entendimento teológico de ter de comer verduras: algo que os malucos teólogos da boa saúde se apoderam, enquanto os outros desfrutam de uma comida mais saborosa.

Meu objetivo, agora, é desfazer esta confusão desencorajadora. Quero que vocês se alegrem com este estranho paradoxo de que o evangelho tanto nos liberta do medo quanto nos infunde temor. Ele nos liberta de nossos medos paralisantes, substituindo-os por um temor deleitável, feliz e maravilhoso. Quero esclarecer esta expressão muitas vezes desconcertante - "o temor de Deus" - para mostrar na Bíblia que, para os cristãos, isso realmente não significa ter medo de Deus.

Na verdade, as Escrituras têm grandes surpresas reservadas a nós ao descrever o temor de Deus, que é o começo da sabedoria. Não é o que esperaríamos. Tomemos apenas um exemplo, por enquanto. Em Isaías 11.1-3 nos é dada uma bela descrição do Messias, cheio do Espírito:

> Do tronco de Jessé sairá um rebento, e das suas raízes, um renovo. Repousará sobre ele o Espírito do Senhor, o Espírito de sabedoria e de entendimento, o Espírito de conselho e de fortaleza, o Espírito de conhecimento e de temor do Senhor. Deleitar-se-á no temor do Senhor.

Essas duas últimas declarações do versículo devem nos fazer questionar o que é esse temor do Senhor. Aqui vemos que o temor do Senhor não é algo que o Messias não deseja ter. Mesmo ele, em sua santidade e perfeição sem pecado, tem o temor do Senhor - mas ele não reluta com isso. A questão não é que ele ama a Deus e tem alegria em Deus mas entende que, infelizmente, para cumprir toda a justiça, ele também deve temer a Deus. Muito pelo contrário: o Espírito que repousa sobre ele é o Espírito do temor do Senhor, e seu deleite está no temor do Senhor. Isso nos força a perguntar que temor é esse, que pode ser o próprio deleite de Cristo? Não pode ser um dever negativo e sombrio.

A cultura atual do medo

Mas, antes de mergulharmos nas boas novas que a Bíblia tem sobre nossos medos e o temor de Deus, vale notar o quanto nossa cultura se tornou ansiosa. Observar onde está nossa sociedade pode nos ajudar a entender por que temos um problema com o temor, e por que o temor de Deus é tão somente o vigor de que precisamos.

Ao que parece, nos dias atuais todos falam de uma cultura do medo. Do *Twitter* à televisão, nós nos preocupamos com o terrorismo global, o clima extremo, as pandemias e a agitação política. Em campanhas políticas e eleições, vemos rotineiramente a retórica do medo sendo usada por políticos, os quais reconhecem que o medo direciona os padrões de votação. Em nosso mundo digitalizado, a velocidade com que as informações e notícias são divulgadas nos enchem, mais que nunca, de muitos motivos de preocupação. Temores, que nunca antes compartilhamos, cruzam o mundo em segundos e nos unem globalmente.

Nossas rotinas particulares e diárias estão ainda mais repletas de motivos de ansiedade. Pense em sua dieta, por exemplo. Se você optar por um menu com pratos ricos em gordura, você estará caminhando para ter um ataque cardíaco. No entanto, somos frequentemente confrontados com uma nova descoberta de que a alternativa de baixo teor calórico é, na verdade, carcinogênica ou prejudicial de alguma outra forma. E assim, um pequeno receio já começa no café da manhã. Pense também na paranoia de hoje que envolve a criação de filhos. O medo, válido mas geralmente muito exagerado, de que sequestradores estejam à espreita, online ou do lado de fora de cada escola, fez aumentar o número de pais superprotetores e de crianças confinadas para mantê-las em segurança. Não é de surpreender, então, que na América agora se espere que as universidades ofereçam algo que nunca se ouviu falar antes: "espaços seguros" para proteger ou resguardar alunos. Eles cresceram tão protegidos que não se supõe que agora sejam capazes de lidar com críticas ou pontos de vista contrários. Isto é apenas uma indicação de que são considerados mais frágeis do que os estudantes da geração passada.

No entanto, não é correto dar um destaque à que é chamada, pejorativamente, de "geração floco de neve" - como um todo, somos uma cultura cada vez mais ansiosa e insegura. Qualquer pessoa da área administrativa sabe do espantoso crescimento da rotina burocrática em torno da saúde e da segurança. No entanto, isso não nos fez sentir mais seguros. Ao contrário, nós redobramos o cuidado com nossas fechaduras, de forma ainda mais obsessiva. A segurança absoluta que desejamos nos ilude, deixando-nos vulneráveis, como vítimas da mera misericórdia de todos e de tudo mais.

E nisso há um paradoxo extraordinário, pois vivemos mais seguros do que nunca. Desde cintos de segurança e *airbags* em nossos carros até a remoção de tinta de chumbo e amianto de nossas casas, nossa segurança é assegurada mais do que nossos antepassados (os quais, tinham uma vida mais curta) poderiam imaginar. Temos antibióticos para nos proteger de infecções que em outros séculos eram extremamente fatais.

Porém, ao invés de nos alegrarmos com isso, nos preocupamos por estarmos nos tornando imunes; e assim, caminhamos para um apocalipse sanitário pós-antibiótico. Embora estejamos mais prósperos e protegidos e tenhamos mais segurança do que quase qualquer outra sociedade na história, a segurança se tornou o Santo Graal de nossa cultura. E, assim como o Santo Graal, é algo que nunca conseguimos alcançar. Protegidos como nunca antes; porém, medrosos e em pânico mais do que nunca.

Como pode ser isso? Se somos uma sociedade tão protegida, por que a cultura do medo é tão forte hoje em dia? O professor Frank Furedi escreve:

> O porquê de os americanos terem mais temores, quando têm muito menos a temer em comparação com outros momentos do passado, é uma questão que intriga muitos estudiosos. Um argumento usado para explicar este "paradoxo de uma sociedade segura" é que a prosperidade incentiva as pessoas a se tornarem mais avessas ao risco e à perda.[4]

Pode haver alguma lição nisso. Certamente, somos livres para desejar mais, ter a chance de possuirmos mais e, muitas vezes, sentir o direito de desfrutarmos mais. E quanto mais se quer algo, mais se teme sua perda. Quando a sua cultura é hedonista, sua religião é terapêutica e seu objetivo é ter um sentimento de bem-estar pessoal, o medo será a dor de cabeça sempre presente. Porém, quanto a tudo isso, Furedi argumenta que o "paradoxo de uma sociedade segura" na verdade tem raízes mais profundas. Ele argumenta que é a *confusão moral na sociedade* que tem levado à incapacidade de lidar com o medo, ao crescimento da ansiedade e, portanto, ao aumento das cercas protetoras erguidas ao nosso redor.

O argumento de Furedi é especialmente interessante por ser ele um ardoroso humanista, e não um cristão. É perspicaz e certamente correto da sua parte procurar raízes profundas em nossa cultura de ansiedade. No entanto, eu faço a observação de que ele não cavou fundo o suficiente. O argumento de Furedi

---

4. Frank Furedi, *How Fear Works: Culture of Fear in the Twenty-First Century* (London: Bloomsbury, 2018), 22.

é que a confusão moral tornou nossa sociedade ansiosa. Entretanto, a própria confusão moral é uma consequência de uma perda anterior: o temor a Deus. É Deus quem fornece a lógica e a matriz da moralidade: quando ele não é mais temido, a confusão moral é o que segue. Em outras palavras, a confusão moral não é a raiz de nossa ansiedade; a confusão moral que há hoje e o nosso estado geral de elevada ansiedade são, ambos, o resultado de uma perda cultural de Deus, sendo isto o próprio objeto do medo humano.[5] Esse temor a Deus (como espero mostrar) é um temor feliz e saudável, que molda e limita nossos outros temores controlando, assim, a ansiedade.

Tendo a sociedade perdido Deus como o próprio objeto do temor saudável, nossa cultura está consequentemente se tornando cada vez mais neurótica, mais ansiosa com o desconhecido – e, de fato, cada vez mais ansiosa sobre tudo e qualquer coisa. Sem o cuidado providencial de um Deus bondoso e paternal, ficamos totalmente incertos com as constantes mudanças; tanto da moralidade, como da realidade. Ao expulsar Deus de nossa cultura, outras preocupações - desde a saúde pessoal até a saúde do planeta - assumiram uma supremacia divina em nossas mentes. Coisas que em si mesmas são

---

5. Não quero insinuar que a cultura "cristã" acidental no passado era, necessariamente, mais cheia de crentes regenerados que tinham um correto temor de Deus. É mais apropriado dizer que um reconhecimento cultural mais amplo - até mesmo uma espécie de temor de Deus - forneceu a estrutura para um respeito mais comumente assumido pela ordem moral. Além disso, a influência da igreja sobre a cultura era maior, e um temor correto e confiante em Deus provia o coração e a alma de uma apreciação mais ampla, pelo fato de que vivemos neste mundo sob o justo e santo olhar de Deus.

boas se tornaram ídolos cruéis e impiedosos. E, assim, nos sentimos sem ajuda e fragilizados. Por não se encontrar seguramente ancorada, a sociedade se enche de ansiedades que flutuam livremente. Quando o medo é uma resposta a algo específico, a ansiedade é mais uma condição geral, como algo pairando na atmosfera. A ansiedade pode, portanto, se agarrar a qualquer coisa ou se alterar facilmente em um momento: num minuto estamos preocupados com a faca do crime, no outro com a mudança climática.

O TEMÍVEL LEGADO DO ATEÍSMO

A sugestão de que a perda do temor de Deus é a causa raiz da ansiedade de nossa cultura é um verdadeiro golpe para o ateísmo. Isto porque o ateísmo garantia exatamente o contrário. O ateísmo vendeu a ideia de que, se você liberar as pessoas da crença em Deus, isso as libertará do medo. Esse foi o argumento de Bertrand Russell, em 1927, em seu famoso discurso *Por que Não Sou Cristão*:

> Creio que a religião é fundamentada primeiramente e sobretudo no temor. Por um lado, é o terror perante o desconhecido, por outro o desejo de sentir uma espécie de irmão mais velho que esteja ao nosso lado em nossas lutas e dificuldades. O medo é a base do problema — medo do misterioso, medo do fracasso, medo da morte. O medo é o genitor da crueldade; portanto, não é de se admirar que a crueldade ande de mãos dadas com a religião. E a razão disso é porque o medo está

na base de uma e de outra. Neste mundo, podemos começar a compreender um pouco as coisas, e também a dominá-las um pouco com a ajuda da ciência, a qual vai abrindo caminho pouco a pouco contra a religião cristã, contra as igrejas e contra a resistência de todos os antigos preceitos. A ciência pode ajudar-nos a vencer esse medo covarde em que a humanidade tem vivido durante tantas gerações. A ciência pode nos ensinar, e penso que o nosso próprio coração também pode nos ajudar, a não mais procurar apoios imaginários à nossa volta, a não mais forjar aliados nos céus, mas a concentrar em nossos esforços aqui na terra, a fim de fazer deste mundo um lugar melhor para se viver, ao invés do tipo de lugar que a igreja o tem tornado ao longo dos séculos.[6]

Enquanto Russell tragicamente interpreta mal o que significa para o cristão temer a Deus, é preciso esforço para não rir do quanto sua profecia se revelou extremamente imprecisa. Pois, quase um século depois de ter dito essas palavras, deveria ficar claro, até mesmo para a toupeira com maior deficiência visual, que livrar-se do temor de Deus não tornou nossa sociedade mais feliz e menos aflita. Antes, é bem o contrário disto, conforme constatado pelo professor e ateu convicto Frank Furedi, que se tornou talvez o especialista global em nossa cultura moderna do medo.

Certamente Bertrand Russell não foi o único a argumentar que mais autodependência e menos temor a Deus nos

---

6. Bertrand Russell, Por Que Não Sou Cristão (Porto Alegre: Editora L&PM), 2011.

ajudariam. Toda a premissa do Iluminismo era que o avanço de nosso conhecimento iria dissipar nossos problemas e nossos medos supersticiosos. Essa confiança na razão humana foi classicamente retratada na gravura de capa da ambiciosa obra de Christian Wolff, *Pensamentos razoáveis sobre Deus, o mundo, a alma humana e todas as coisas em geral* (1720). A gravura mostra o feliz sol do conhecimento iluminando o velho e sombrio mundo da fé, afastando as sombras e as trevas do medo e da superstição. Esse foi, de fato, um pensamento brilhante para o século 18; mas, repito, aconteceu o contrário. Hoje em dia, embora a maioria de nós amemos nossos *smartphones* e nosso *GPS*, reconhecemos que o avanço do conhecimento é uma bênção dúbia. Fica muito claro agora que as novas tecnologias têm consequências que não podemos prever. Por exemplo, ao comprar um *smartphone* pela primeira vez, você não tinha ideia do impacto sobre seu comportamento social ou sobre seus padrões de sono. Quando você usou a mídia social pela primeira vez, você viu alguns benefícios potenciais, mas não tinha noção de como isso alimentaria seu medo de perder oportunidades. Mais conhecimento não significa necessariamente diminuir o medo; muitas vezes, significa aumentar.

Porém, talvez a maior ironia seja que a crise de ansiedade que preenche nossa sociedade "iluminada" e sem Deus é realmente nada mais que a mesma superstição primitiva a qual achávamos que seria erradicada pelo conhecimento. Em 1866, Charles Kingsley proferiu uma palestra na Royal Institution, em Londres, intitulada *Superstição*[7]. Nessa palestra ele definiu superstição como o medo do desconhecido, não guiado pela razão. Isto é precisamente o que vemos ao nosso redor. Não está óbvio para nós que nossos medos são, na verdade, supersticiosos; pois, disse Kingsley, sempre nos esforçamos para fazer com que nossas superstições pareçam razoáveis. Para provar seu ponto de vista, Kingsley deu o exemplo de um livro-texto do século 15 sobre bruxaria, o *Malleus Maleficarum*. Ao procurar fazer ciência a partir das descobertas feitas pelas bruxas, o texto alimentou um desejo supersticioso de encontrar bruxas, dando a esse desejo uma base aparentemente científica. De acordo com o *Malleus Maleficarum*, não se podia questionar a realidade das bruxas em nosso meio – por ser uma preocupação razoável e cientificamente verificável. Mas não passava de superstição, Kingsley argumentou. E apesar dos grandes avanços no conhecimento, prevaleceu em seus dias tal superstição inquestionável e causadora de medo. O mero avanço no conhecimento e na tecnologia não elimina o medo.

Então, o que nossa cultura faz com toda sua ansiedade? Devido a sua identidade essencialmente secular, nossa sociedade não se voltará para Deus. A única solução possível, então, é que nós mesmos resolvamos a questão. Assim, a sociedade ocidental, pós--iluminista, remediou o medo. O medo se tornou uma doença indefinida a ser medicada. (Não pretendo aqui insinuar que o

---

7. Charles Kingsley, "Superstition: A Lecture Delivered at the Royal Institution", *Fraser's Magazine* 73, Abril 24, 1866, 705–16.

uso de drogas para conter a ansiedade seja um erro; por vezes, é um paliativo importante, mas não uma solução definitiva).[8] No entanto, essa tentativa de erradicar o medo, como erradicaríamos uma doença, tornou o conforto (que é a ausência total de medo) em uma categoria de saúde - ou mesmo uma categoria moral. Enquanto o desconforto era antes considerado bastante normal (e bastante próprio para certas situações), agora é considerado uma coisa essencialmente não saudável. Isso significa, por exemplo, que um estudante universitário pode dizer "sinto-me desconfortável com seus pontos de vista", e considerar que esse seja um argumento legítimo para pôr um ponto final em uma discussão mais aprofundada, pois não é aceitável fazer alguém ficar desconfortável.

Isso significa que em uma cultura inundada de medo e ansiedade, o medo é cada vez mais visto como uma coisa totalmente negativa na sociedade. E os cristãos foram arrastados por essa grande maré de opinião, adotando para si a avaliação negativa da sociedade sobre qualquer espécie de temor. Não é de surpreender, então, que nos intimidamos em falar sobre o temor de Deus, apesar de seu destaque na Escritura e, historicamente, no entendimento cristão. É completamente compreensível, mas é trágico: a perda do temor de Deus é o que introduziu esta nossa era atual de ansiedade. Todavia, o temor de Deus é o próprio antídoto para nossa inquietude.

---

8. Para uma introdução útil e clara a esse assunto, veja Michael R. Emlet, "Prozac and the Promises of God: The Christian Use of Psychoactive Medication, DesiringGod (website), Agosto 22, 2019, https://www.desiringgod.org/articles/prozac-and-the-promises-of-god.

Dizendo uma palavra melhor

Em contraste com as coisas como elas são hoje, os cristãos das gerações passadas que abraçaram o temor de Deus conseguiram falar sobre o medo com uma invejável combinação de ternura, otimismo e equilíbrio. Um exemplo é John Flavel, um dos puritanos da última geração. Em seu clássico trabalho *Um tratado prático sobre o temor*, ele demonstra uma sensibilidade comovente em relação à angústia mental que nossos medos podem causar:

> Entre todas as criaturas que Deus fez (exceto os demônios) o homem é o mais apto e capaz de ser seu próprio atormentador; e de todos os flagelos, com os quais ele açoita e aflige tanto a mente quanto seu corpo, nenhum é considerado tão cruel e intolerável quanto seus próprios medos.
>
> Quanto piores forem os tempos, mais necessidade tem a mente de ajuda e encorajamento, para estar firmada e fortificada para os duros embates; porém, de um lado ainda pior, o medo inflige as feridas mais profundas e perigosas à mente do homem, eliminando dela a sua força de reação e sua capacidade de resistência.[9]

No entanto, em vez desta perspectiva levar Flavel a ser tragado por uma espiral descendente de ansiedade (como acontece com nossa cultura), ele é otimista e muito útil. Ele tem uma

---

9. John Flavel, "A Practical Treatise on Fear", em *The Whole Works of John Flavel*, vol.3 (London W. Baynes and Son, 1820), *239.*

resposta clara e precisa. Ele argumenta que a raiz da maioria de nossos medos é a nossa descrença:

> Se os homens cavassem até a raiz de seus medos, certamente encontrariam ali a incredulidade. Mateus 8.26 diz: "Por que tendes medo, ó homens de pequena fé?" Quanto menos fé, maior o medo. O medo é gerado pela descrença, e a descrença fortalecida pelo medo; (...) e, portanto, nem a soma de todas as habilidades do mundo poderá nos curar da moléstia do medo, até que Deus nos cure primeiro de nossa incredulidade. Cristo, portanto, usou o método correto para livrar seus discípulos do medo: repreendendo-lhes por sua descrença.[10]

A ansiedade se intensifica no solo da incredulidade; porém, ela definha em contato com a fé. E a fé é fertilizada pelo temor de Deus, como demonstra Flavel no restante de seu tratado.

SE UMA ROSA TIVESSE QUALQUER OUTRO NOME, TERIA O MESMO DOCE AROMA

Flavel entendeu aquilo que lutamos para entender hoje, que nem todo medo é igual, ou mau, ou prejudicial, ou desagradável. Ele argumentou que devemos distinguir entre diferentes tipos de medo; entre o medo correto e o incorreto.[11] É isso

---

10. *John Flavel*, "A Practical Treatise on Fear", em *The Whole Works of John Flavel*, vol.3 (London W. Baynes and Son, 1820), *264*.

11. *John Flavel*, "A Practical Treatise on Fear", em *The Whole Works of John Flavel*, vol.3 (London W. Baynes and Son, 1820), *245*.

que faremos agora, ao observarmos como as Escrituras detalham alguns tipos bem diferentes de temores - alguns negativos, outros positivos. Por enquanto, podemos nos regozijar com o fato de que o temor a Deus, recomendado nas Escrituras, não deve ser desprezado por soar como um medo que nos apavore. Assim podemos apreciar como este é um temor que nos leva a deleitar em Cristo e no seu povo. É o único temor positivo e maravilhoso, que lida com nossas ansiedades.

II
Temor pecaminoso

Todos nós conhecemos o medo. Quando você experimenta o medo, seu corpo reage: você sente a liberação de adrenalina enquanto seu coração acelera, sua respiração aumenta, seus músculos ficam tensos e seu cérebro fica em estado máximo de alerta. Às vezes, isso pode ser intensamente divertido: pense na velocidade da montanha-russa ou em um jogo superemocionante. Às vezes, pode lhe acontecer o que é chamado de "sequestro da amígdala" – é o que sucede quando o pânico o domina tão intensamente que você não consegue pensar, mas apenas tremer, suar e se desesperar.

Por baixo dessas experiências físicas estão os nossos pensamentos corriqueiros. Nós tememos quando nos deparamos com algo que não podemos controlar. Tememos quando enfrentamos a perspectiva de perder algo que amamos ou de experimentar algo ruim. Tememos até mesmo quando temos a perspectiva de ganharmos algo maravilhoso, quando essa coisa parece impossível demais de conquistarmos. Ao tocar na raiz da questão, o teólogo holandês Wilhelmus à Brakel explicou que "o temor emerge do amor".[1] Isto é, tememos porque amamos: amamos a nós mesmos, e por isso tememos que coisas ruins aconteçam conosco; amamos nossas famílias, nossas amizades, nossas coisas, e assim tememos perdê-las.

Entretanto, não tememos apenas perder as coisas que amamos. Embora seja estranho dizer, também tememos precisamente aquilo que é encantador. É de se esperar que nos afastemos apenas das coisas que são feias e nos causam revolta ao olharmos. Mas, na realidade, também acabamos desviando nosso olhar de algo que tenha uma imensa beleza, pois algo muito encantador pode ter uma força arrasadora. O noivo pode sonhar em fixar o seu olhar nos olhos da sua amada e, no entanto, encontra-se por vezes incapaz de manter os olhos fixos nela devido ao encanto de sua beleza. J.R.R. Tolkien uma vez chamou isto de "o medo do belo", e explicou que era por essa própria razão que ele amava o gênero da fantasia:

> Eu desejava dragões com um desejo profundo. Claro, eu, em meu corpo tímido, não queria tê-los na vizinhança, invadindo meu mundo relativamente seguro, no qual era possível, por exemplo, ler estórias em paz de espírito, livre de medo. Mas o mundo no qual havia a imaginação de Fàfnir era mais rico e mais belo, não importando o custo do perigo.[2]

---

1. Wilhelmus à Brakel, *The Christian's Reasonable Service*, trad. Bartel Elshout, ed. Joel R. Beeke, vol.3 (Grand Rapids, MI: Reformation Heritage, 1992), 291.

2. J.R.R. Tolkien, *Árvore e Folha, trad. Ronald Kyrmse* (Rio de Janeiro: Harper Collins Brasil, 2020), 51-52.

Não reconhecemos instintivamente que tememos, de fato, aquilo que é valioso, bom e belo. No entanto, assim como o mundo perigoso dos dragões era perigosamente atrativo para Tolkien, assim também coisas boas podem ser deliciosamente assustadoras. É por isso que o medo do sucesso é, muitas vezes, mais forte do que o medo de falhar. O fracasso e a mediocridade podem ser amigos confortáveis e pouco exigentes, enquanto que a perspectiva de sucesso pode ser assustadora. A nossa fragilidade é tal que, perante a grandeza, vitalidade e alegria, nós podemos sentir que tudo isto é demais para nós.

O medo também tem a tendência de criar uma marca em nossa mente: quanto mais receamos alguma coisa, tanto mais nos envolvemos com ela e não a abandonamos. Como John Bunyan disse:

> Todo temor, seja ele bom ou mau, tem em si a propensão natural de inclinar o coração a contemplar o objeto do temor; e, embora o homem deva se esforçar para tirar os pensamentos do objeto do temor, quer esse objeto sejam homens, inferno, demônios, etc., mesmo que ele faça o que estiver ao seu alcance, na próxima vez que o seu temor estiver em ação, o temor voltará novamente ao seu objeto.[3]

---

3. John Bunyan, "A Treatise on the Fear of God," in *The Works of John Bunyan*, ed. George Offer, 3 vols. (Glasgow: W. G. Blackie & Son, 1854; repr., Edinburgh: Banner of Truth, 1991), 1:463. *[traduzido para o português como Temor a Deus (São Paulo: Editora PES, 2019].*

Quer sejamos fascinados ou repelidos pelo objeto do nosso medo, há traços comuns em todos os nossos temores: eles surgem a partir daquilo que nós amamos, estimulam o corpo e podem fazer a mente se concentrar. Eles têm um DNA comum.

No entanto, é igualmente importante reconhecer que existem diferentes tipos de medo. A confusão sobre esse ponto é fatal. Veja, por exemplo, a reação cristã à forma como a nossa cultura lançou fora o temor a Deus, e como a igreja tem, em grande parte, aceitado remover o temor de Deus do seu vocabulário. Alguns cristãos veem a clara falta de reverência e temor de Deus nos nossos círculos cristãos e parecem pensar que a resposta é fazer com que as pessoas fiquem com medo de Deus. Como se o amor por Deus precisasse ser temperado com o medo dele.

A Escritura fala de forma muito distinta sobre o temor de Deus. Veja Êxodo 20, por exemplo, quando o povo de Israel se reúne no Monte Sinai:

> Todo o povo presenciou os trovões, e os relâmpagos, e o clangor da trombeta, e o monte fumegante; e o povo, observando, se estremeceu e ficou de longe. Disseram a Moisés: Fala-nos tu, e te ouviremos; porém não fale Deus conosco, para que não morramos. Respondeu Moisés ao povo: Não temais; Deus veio para vos provar e para que o seu temor esteja diante de vós, a fim de que não pequeis. (Ex 20.18-20)

Moisés, aqui, estabelece um contraste entre ter medo de Deus e temer a Deus: aqueles que têm temor a ele não terão medo dele. No entanto, ele usa a mesma palavra "medo" (ירא, yr') para ambos os termos (יָרֵא yare'/ יִרְאָה, yir'ah). Evidentemente, existem diferentes tipos de medo. E, de fato, existem diferentes tipos de temor a Deus. Há um temor a Deus que é bom e desejável, e há um medo de Deus que não é.

Vejamos agora os diferentes tipos de medo que encontramos nas Escrituras. Dessa forma, podemos começar a clarificar a nossa compreensão sobre o específico tipo de temor a Deus que a Escritura recomenda.

O MEDO NATURAL

Primeiro, uma vez que vivemos em um mundo decaído, vivemos rodeados de perigos. O maior desses perigos é a morte, "o rei dos terrores" (Jó 18.14). Mas também tememos acidentes, dor e inimigos; pois, a queda tornou o mundo num lugar cheio de temores.

Isso não significa, porém, que os nossos receios sobre esses perigos sejam pecaminosos. Os Evangelhos nos contam que, diante da morte iminente, Jesus sentiu-se "tomado de pavor e angústia" (Mc 14.33) - tão intensamente, de fato, que na sua agonia "o seu suor tornou-se como gotas de sangue caindo sobre a terra" (Lc 22.44).

Além desses medos naturais que os crentes e os descrentes partilham, os teólogos cristãos têm geralmente descrito dois outros tipos de medo. Mais especificamente, eles mencionam dois tipos diferentes de temor a Deus. Entre os puritanos, por exemplo, John Flavel distinguiu entre o medo "pecaminoso" e o "religioso";

George Swinnock escreveu sobre o temor "servil" e o "filial"; William Gurnall, falou em temor "de um escravo" e temor "santo"; e John Bunyan, em temor "ímpio" e temor "piedoso".[4] Eu vou me referir a eles como medo "pecaminoso" e temor "correto".

Medo pecaminoso

O primeiro tipo de temor a Deus, "o medo pecaminoso", é condenado pela Escritura. Tenho sido tentado a chamar-lhe "medo errado"; mas há um sentido em que, na realidade, é bastante adequado que os incrédulos tenham medo de Deus. O Deus santo é terrível para aqueles que estão longe dele. Então eu vou chamar de "medo pecaminoso", uma vez que é um medo de Deus que flui do pecado.

Esse temor pecaminoso de Deus é o tipo de medo que Tiago nos diz que os demônios têm, quando creem e estremecem (Tg 2.19). É o medo que Moisés queria retirar dos israelitas no Sinai. É o medo que Adão sentiu quando pecou pela primeira vez e se escondeu de Deus (Gn 3.10). Adão foi o primeiro a sentir esse medo e a reação dele naquele momento mostra-nos a natureza essencial desse medo : o medo pecaminoso afasta o homem de Deus. Tal é o medo do descrente que odeia a Deus,

---

4. John Flavel, "A Practical Treatise on Fear" in *The Whole Works of John Flavel*, vol.3 (London: W. Baynes and Son, 1820), 245; George Swinnock, "The Works of George Swinnock", vol.3 (Edinburgh: James Nichol, 1868; repr., London: Banner of Truth, 1992), 295; William Gurnall, *The Christian in Complete Armour*, rev. and abr., vol.3 (Edinburgh: Banner of Truth, 1986–1989), 1:119, 222, 263, 372, 373; 2:579; John Bunyan, "A Treatise on the Fear of God", em *The Works of John Bunyan*, ed. George Offer, vol.3 (Glasgow: W. G. Blackie & Son, 1854; repr., Edinburgh: Banner of Truth, 1991), 1:463 [edição em português: Temor a Deus (São Paulo: Editora PES, 2019)].

que continua a ser um rebelde de coração, que teme ser exposto como pecador e assim foge de Deus.

Esse é o tipo de temor a Deus que está em desacordo com o amor a Deus. É o temor que, ao contrário do que deveria, está enraizado no cerne do pecado - temor que se opõe e se afasta de Deus, gerando a dúvida que racionaliza a incredulidade. É a força motriz tanto do ateísmo como da idolatria, que inspira pessoas a criar "realidades" alternativas em vez do Deus vivo. Tome, por exemplo, o falecido Christopher Hitchens, um dos "quatro cavaleiros" do "Novo Ateísmo" do início do século 21. Hitchens preferia descrever-se como um "antiteísta" em vez de simplesmente ateu, visto que não negou simplesmente a existência de Deus: ele se opôs à própria possibilidade da existência de Deus. Mas esse antiteísmo, ele deixou claro, era motivado por um medo de Deus. Ao ser questionado, na Fox News, o que ele pensava sobre a possibilidade da existência de Deus, ele respondeu:

> Penso que seria algo horrível se fosse verdade. Se houvesse uma supervisão divina permanente e total vigilância 24 horas por dia, sobre tudo o que se faz. Você nunca teria um momento acordado ou dormindo em que não estivesse sendo vigiado, controlado e supervisionado por alguma entidade celestial, desde o momento da sua concepção até ao momento da sua morte. Seria como viver na Coreia do Norte.[5]

---

5. Christopher Hitchens, entrevista para *Hannity & Colmes*, Fox News, maio 13, 2007.

Hitchens compreendeu tragicamente mal a Deus e, por isso, tinha medo de Deus.

O mesmo poderia ser dito do jovem Martinho Lutero. Certa vez Lutero explicou que, estando ainda sob o catolicismo romano medieval no qual cresceu,

> Cristo foi retratado como um tirano cruel, um juiz furioso e severo que exigia muito de nós e nos impunha fazer boas obras, como pagamento pelos nossos pecados (...). Isto nos torna relutantes em ir a ele. Se a minha consciência é atingida pelo medo, sinto-me suficientemente repelido (...). O meu coração e minha má consciência muito naturalmente me afastam daquele a quem eu temo. O medo e o pavor me repulsam, para que eu não fique com ele.[6]

Como monge, Lutero se viu completamente aterrorizado ao pensar nesse tirano cruel que ele achava estar no céu. Ele tinha medo de Deus e estava cheio de um temor que era precisamente o oposto do amor. Como Lutero disse: "Eu não o amava e, sim, eu odiava o Deus justo que castiga os pecadores e, secretamente, se não em atitude de blasfêmia, mas certamente em grande murmuração, eu estava com raiva de Deus."[7] Somente quando

---

6. Martinho Lutero, *Luther's Works*, vol. 23, *Sermons on the Gospel of St. John: Chapters 6–8*, ed. Jaroslav Jan Pelikan, Hilton C. Oswald, and Helmut T. Lehmann (St. Louis, MO: Concordia, 1999), 57. [edição em português: *Obras Selecionadas de Lutero* (São Leopoldo: Editora Sinodal, 2016].

7. Martinho Lutero, *Luther's Works*, vol.34, Career of the Reformer IV, ed. Jaroslav Jan Pelikan, Hilton C. Oswald, e Helmut T. Lehmann (St. Louis, MO: Concordia, 1999), 336–37.

Lutero sentiu ter nascido de novo, mediante o conhecimento de Cristo como um bondoso Salvador, é que ele veio a dizer: "Ele não será para mim um terror, mas um conforto."[8]

Entendendo mal a Deus

As experiências de Christopher Hitchens e Martin Luther mostram que esse medo pecaminoso que foge de Deus surge, em boa parte, de um mal-entendido sobre ele. O servo infiel da parábola das dez minas, contada por Jesus, exibe exatamente esse problema, quando injustamente queixa-se ao seu mestre: "Tive medo de ti, que és homem rigoroso" (Lc 19.21; ver também Mt 25.24-25). Ele não enxerga nenhuma bondade em seu mestre. Aos seus olhos míopes, aquele grande homem é todo feito de severidade parcimoniosa e, por isso, o servo simplesmente tem medo. Ele é tal como Adão que, embora uma vez convencido da bondade de Deus, torna-se tentado a pensar em Deus como sendo de um espírito mesquinho e de amorosidade restrita.

Como argumentou o Puritano Thomas Manton, essa é a própria miopia que Satanás adora infligir na nossa compreensão de Deus:

> Satanás se esforça em apresentar a Deus pela metade, apenas como um fogo consumidor, revestido de justiça e vingança. Oh, não! É verdade que ele não permitirá que sua misericórdia

---

8. Martinho Lutero, *Luther's Works*, 23:336.

seja abusada por pecadores desdenhosos; ele não inocentará os culpados, embora espere muito até destruí-los; mas o que há de principal em seu nome é "a sua misericórdia e a sua bondade". Tome isto conforme Deus o tem proclamado e veja se há alguma razão para ter pensamentos severos sobre Deus.[9]

Tal como foi no jardim do Éden, o principal trabalho de Satanás é dar uma falsa apresentação de Deus. Ele o apresenta a nós como uma ameaça puramente negativa, a encarnação do antievangelho. E, então, quando pensamos em Deus como pura ameaça, fugimos dele com medo, desejando que o ogro celestial não exista. Stephen Charnock esclarece:

> Quando percebemos que determinada coisa é prejudicial a nós, desejamos intensamente o mal a essa coisa, pois isto talvez a torne incapaz de nos machucar como tememos. Visto que desejamos a preservação do que amamos ou esperamos, somos naturalmente inclinados a desejar a não existência daquilo que tememos que possa vir a nos causar dor ou dificuldades (...). [O homem temeroso] deseja que Deus seja privado de sua existência.[10]

No entanto, se esse medo de Deus alimentado pelo engano afasta as pessoas do seu Criador, nem sempre as afasta da religião e

---

9. Thomas Manton, *Works of Thomas Manton*, vol.9 (London: James Nisbet, 1872), 645.

10. Stephen Charnock, *The Works of Stephen Charnock*, vol.10 (Edinburgh: James Nichol, 1864; repr. Edinburgh: Banner of Truth, 1985), 1:190–91.

não necessariamente as afasta de uma moralidade com aparência impressionante, de uma vida religiosa e da obediência à lei. Ao apresentar a Deus como severo e temível, esse medo confere às pessoas a mentalidade de um escravo relutante, que obedece ao seu senhor não por amor mas puramente por medo do chicote. A partir desse medo servil, as pessoas executarão todo tipo de deveres externos, a fim de apaziguar um Deus que secretamente desprezam. Para o resto do mundo, podem parecer cristãos devotos e exemplares, mesmo que lhes falte alegria. Assim foi com o jovem Lutero, que murmurava e se irava interiormente enquanto encenava externamente uma devoção de um monge obediente. Esses pobres escravos podem até ensinar com ênfase sobre a importância negligenciada do temor a Deus – no entanto, falarão apenas do temor errado que conhecem. John Colquhoun descreve-os desta forma:

> Quando o homem é levado a atos de obediência pelo pavor da ira de Deus revelada na lei, e não por ser atraído a eles por crer no amor de Deus, conforme revelado no evangelho; quando ele teme a Deus por causa do seu poder e justiça, e não por causa da sua bondade; quando considera Deus mais como um Juiz vingador do que como amigo compassivo e Pai, e quando ele contempla a Deus como terrível em sua majestade, mais do que como o Deus infinito em graça e misericórdia, ele mostra que está sob o domínio ou, pelo menos, sob a predominância de um espírito legalista.[11]

---

11. John Colquhoun, *Treatise on the Law and Gospel*, ed. D. Kistler (1859; repr., Morgan, PA: Soli Deo Gloria, 1999), 143.

Colquhoun menciona "um espírito legalista"; ele poderia ter dito com a mesma precisão "um medo pecaminoso". Por que as pessoas se torturam com tal servidão de religiosidade? John Bunyan responde: "Que mais é a causa disto, senão um temor impiedoso?"[12]

Quando as pessoas, devido a uma compreensão errada, ficam simplesmente com medo de Deus, elas nunca se confiarão a ele, mas se voltarão para outra coisa em busca de segurança. Na verdade, quando as pessoas têm esse medo confuso em relação a Deus é que elas se voltam para outros deuses.

> Porém cada nação fez ainda os seus próprios deuses nas cidades em que habitava, e os puseram nos santuários dos altos que os samaritanos tinham feito. Os de Babilônia fizeram Sucote-Benote; os de Cuta fizeram Nergal; os de Hamate fizeram Asima; os aveus fizeram Nibaz e Tartaque; e os sefarvitas queimavam seus filhos a Adrameleque e a Anameleque, deuses de Sefarvaim. Mas temiam também ao Senhor; dentre os do povo constituíram sacerdotes dos lugares altos, os quais oficiavam a favor deles nos santuários dos altos. (2Rs 17.29-32)

Eles "temiam ao Senhor" e serviam a seus próprios deuses. Ou pode ser que eles se voltassem não para outros deuses, mas para sacerdotes, médicos ou horóscopos.

---

12. John Bunyan, "A Treatise on the Fear of God," em *The Works of John Bunyan*, ed. George Offer, 3 vols. (Glasgow: W. G. Blackie & Son, 1854; repr., Edinburgh: Banner of Truth, 1991), 448 [edição em português: *Temor a Deus* (São Paulo: Editora PES, 2019)].

Assim, escreveu João Calvino:

> Quando os incrédulos transferem aos astros o governo do universo, que pertence a Deus, eles imaginam que sua felicidade ou sua miséria dependem dos decretos e indicações dos astros, e não da vontade de Deus; então acontece que o medo deles é transferido dele, o único a quem eles deveriam direcioná-lo, para os astros e cometas.[13]

O temor equivocado de Deus os leva a temer outras coisas, as quais não podem libertar nem vivificar, mas apenas escravizar e amortecer.

Veja a União Soviética de Stalin, como outro exemplo. Ali, o medo de Deus, presente no comunismo ateísta, não deu início a um idílio humanista pois fugiu de Deus e se livrou das algemas do cristianismo. Sem qualquer base de referência em Deus, quanto ao belo e a dignidade humana, uma triste distopia aumentou na Rússia, onde a vida era barata e encaixotada em um mundo monótono e cinzento como o cimento. E outro medo se alastrou: o terror do estado. É difícil para nós, hoje em dia, tentarmos entender o quanto as pessoas estavam aterrorizadas, sob constante ameaça de prisão arbitrária, morte ou envio ao campo de concentração; mas podemos ouvir a trilha sonora de Dmitri Shostakovich,

---

13. João Calvino, *Institutes of the Christian Religion*, ed. John T. McNeill, trans. Ford Lewis Battles (Louisville: Westminster John Knox, 2011), 1.16.3. [edição em português: Institutas da Religião Cristã (São Paulo: Editora Cultura Cristã, 2015).

em sua Décima Sinfonia. Seu início é arrastado e, então, transforma-se em totalmente brutal, capturando de forma pungente o pânico de um suor gélido causado por um estado completamente sem Deus.

Em outras palavras, esse temor pecaminoso em relação a Deus é uma ferida purulenta que expele uma porção de outros medos tóxicos. Pessoas com esse tipo de temor de Deus não confiam em Cristo para sua salvação. Eles procurarão em outro lugar. Eles confiam na lei, nos seus próprios esforços, ou em qualquer outra coisa, exceto em Cristo. É por isso que um profeta como Samuel procurava corrigir os medos das pessoas. Observe as suas palavras de despedida do povo de Israel, que abordam totalmente a natureza do temor do povo. Samuel os tinha chamado a temer ao Senhor com um temor correto (1Sm 12.14). Depois de ver o poder do Senhor em ação, "o povo temeu em grande maneira ao Senhor". No entanto, foi o mesmo tipo de medo vacilante que mostraram no Sinai. "Roga pelos teus servos ao Senhor, teu Deus, para que não venhamos a morrer" (1Sm 12.19). Samuel respondeu:

> Não temais; tendes cometido todo este mal; no entanto, não vos desvieis de seguir o Senhor, mas servi ao Senhor de todo o vosso coração. Não vos desvieis; pois seguiríeis coisas vãs, que nada aproveitam e tampouco vos podem livrar, porque vaidade são. Pois o Senhor, por causa do seu grande nome, não desamparará o seu povo, porque aprouve ao Senhor fazer-vos o

seu povo. Quanto a mim, longe de mim que eu peque contra o Senhor, deixando de orar por vós; antes, vos ensinarei o caminho bom e direito. Tão somente, pois, temei ao Senhor e servi-o fielmente de todo o vosso coração; pois vede quão grandiosas coisas vos fez. (1Sm 12: 20-24)[14]

O PAVOR DA SANTIDADE

Outra característica desse medo pecaminoso é o medo de abandonar o pecado, ou o que nós podemos chamar de pavor da santidade. C.S. Lewis explora essa ideia no livro O Grande Divórcio, que é, em muitos aspectos, uma história sobre o pavor da santidade. O sonho de Lewis começa na cidade cinza (inferno). Conquanto todos ali estejam com medo do escuro, poucos ousam entrar no ônibus para o céu, porque têm medo ainda maior da luz. Pois, embora a escuridão seja assustadora por esconder infinitos horrores, a luz é mais ainda, porque os expõe.

Quando o ônibus chega na beleza fulgurante da campina celestial, uma das almas fantasmagóricas do inferno grita: "Eu não gosto disso! Eu não gosto disto ... Isso me irrita!"[15] Então chegam as "Pessoas Tocáveis" - os residentes do céu – e Lewis escreve: "Dois dos fantasmas gritaram e correram

---

14. Assim como Moisés em Êxodo 20, Samuel usa a palavra raiz ירא para se referir ao temor dos Israelitas, em 1 Samuel 12.20, e ao adequado temor do Senhor em 1 Samuel 12.24.

15. C.S. Lewis, *The Great Divorce* (London: Geoffrey Bles, 1946; repr., London: Fount, 1997), 17 [edição em português: *O Grande Divórcio* (Rio de Janeiro: Editora Thomas Nelson, 2020).

para o ônibus."[16] Em certo sentido, as pessoas tocáveis, e todo aquele lugar, pareciam querer assustar os fantasmas, a fim de lhes desviar as mentes de si mesmos. Mas, não é que as pessoas tocáveis tinham a intenção de lhes fazer mal. Longe disso: elas estavam lá apenas para ajudar. No entanto, seu esplendor é aterrorizante para os espectros encolhidos do inferno.

> "Vá embora!", gritou com som estridente o Fantasma.
> "Vá embora! Você não vê que eu quero ficar só?"
> "Mas você precisa de ajuda", disse aquele que é Tocável.
> "Se você tiver o mínimo traço de sentimento decente", disse o Fantasma, "fique longe. Eu não quero ajuda. Eu quero ficar sozinho."[17]

O fantasma do narrador vê outro fantasma que está "aparentemente assombrado pelo terror da descoberta. A cada sussurro do vento, ele parava e se encolhia. Numa ocasião, pelo simples cantar de um pássaro, ele voltou com esforço para o seu esconderijo."[18] O narrador teme que ele simplesmente não pertença àquele lugar puro e lindo. "O Terror sussurrou: 'Este não é lugar para você.'"[19]

---

16. C.S. Lewis, *The Great Divorce*, 18
17. C.S. Lewis, *The Great Divorce* 46-47).
18. C.S. Lewis, *The Great Divorce*, 37
19. C.S. Lewis, *The Great Divorce*, 46

O medo, para os fantasmas, é compreender que para habitar no céu eles devem abrir mão de sua "dignidade" ou autodependência, de sua miséria, sua raiva, de seus resmungos. Eles não conseguem imaginar ficar sem as próprias coisas que os deformam e os impedem de serem felizes, e se estremecem com a perspectiva de libertação e purificação. Seu medo pecaminoso é uma luta contra a alegria. É um medo da luz e uma recusa de abandonar a escuridão.

Talvez a cena mais impressionante seja aquela em que vemos um fantasma com um lagarto lascivo e cruel a lhe sussurrar em seus ombros. Um anjo se oferece para matar o lagarto e, assim, libertar o fantasma, ao que o fantasma clama:

> Afaste-se! Você está me queimando. Como posso dizer para você matá-lo? Você me mataria, se fizesse isso ... Oh, eu sei. Você acha que sou um covarde. Mas não é isso. Realmente não é. Deixe-me correr de volta ao ônibus esta noite e pegar uma opinião do meu próprio médico. Eu voltarei no primeiro momento que eu puder.[20]

Quando o fantasma finalmente permite que "Aquele que Queima" mate sua luxúria, o lagarto é lançado à morte na turfa seca. Então, o fantasma e o lagarto, surgem como um homem completo em um garanhão prateado e magnífico, e o homem cavalga em gloriosa liberdade e plenitude de vida. O professor

---

20. C.S. Lewis, *The Great Divorce*, 83-84.

do narrador (o glorioso George MacDonald) conclui que nossos medos pecaminosos são o medo errôneo de mortificar o pecado, um medo que falha em compreender a glória da nova vida de seguir a Cristo. Diz ele:

> Nada, nem mesmo o que é melhor e mais nobre, pode continuar como está agora. Nada, nem mesmo o que é mais baixo e bestial, será ressuscitado, se render-se à morte. É semeado um corpo natural, é ressuscitado um corpo espiritual. Carne e sangue não podem chegar às montanhas; não porque eles sejam muito vigorosos, mas porque são muito fracos. O que é um lagarto, em comparação com um garanhão? A luxúria é algo pobre, fraco, queixoso e murmurante, em comparação com aquela riqueza e energia do desejo que surgirá, quando a luxúria for morta.[21]

No entanto, assim como o mundo fantasioso dos dragões de Tolkien, é a própria riqueza e a energia de vida pura do céu que é tão opressora e temerosa para os fantasmas. Na verdade, eles farão quase qualquer coisa para evitá-lo. Alguns dos fantasmas tentam até mesmo aterrorizar o céu, exibindo sua própria decadência e agindo como espectros assustadores. Como Tácito disse: "Eles aterrorizam para que eles mesmos não tenham medo."[22] Os pecadores preferem as trevas e as

---

21. C.S. Lewis, *The Great Divorce*, 87.
22. C.S. Lewis, *The Great Divorce*, 63

correntes, em vez da luz e liberdade do céu, e por isso temem a santidade celestial. Nas palavras do real e histórico George MacDonald (que de maneira clara é o que estava na mente de Lewis, enquanto escrevia):

> Deus deve ser terrível com aqueles que estão longe dele; porque eles temem que ele fará, sim, que ele está fazendo com eles, o que não querem, o que não podem desejar e não conseguem suportar. Tais como muitos homens, tais como todos se tornariam sem Deus, tais devem preferir um demônio, por causa de seu extremo egoísmo, em vez de preferir um Deus que morre por suas criaturas e persiste em se dar por eles, e insiste em que sejam altruístas e abençoados como ele mesmo é. Tais homens devem ser aquilo que é o poder e o valor da vida, ou até mesmo morrer por isto; e uma vaga consciência disto os deixa temerosos. Eles amam sua pobre existência tal como ela é; porém, Deus a ama como ela deve ser – por isso, eles sentem medo dele.[23]

Não é de admirar, então, que nossa cultura esteja construindo muros cada vez mais altos para se defender da beleza perturbadora de Deus - ou mesmo da própria ideia de beleza.

Concepções tradicionais de beleza estão sendo descartadas como discriminatórias e não igualitárias, e todas as coisas

---

23. George MacDonald, *Unspoken Sermons - Second Series* (London: Longmans, Green & Co., 1885), 73–74.

estão sendo declaradas como igualmente belas. A existência de qualquer beleza absoluta é negada, já que as artes e a mídia simultaneamente temem e se deleitam com o que é perverso, tortuoso e feio.

O MEDO PECAMINOSO EM CRISTÃOS

Infelizmente, os cristãos não estão imunes a esse medo pecaminoso. A doutrina fraca, os tempos difíceis e as acusações de Satanás podem cultivar esse medo retraído de Deus em nossos corações. Que herbicida podemos usar? De fato, o restante deste livro é uma tentativa de apresentar a cura mais profunda.

Por enquanto, porém, aqui estão algumas palavras de ouro de sabedoria de John Bunyan. Em 1679, um ano após a publicação de *O Peregrino*, Bunyan produziu seu notável *Tratado sobre o Temor de Deus*. É, talvez, a obra teologicamente mais hábil de Bunyan, e a prova de que ele deve ter sido o funileiro mais talentoso intelectualmente e com maior sabedoria pastoral que o mundo já viu! Com o propósito de restringir esse temor ímpio, que faz com que as pessoas fujam de Deus, Bunyan escreve ao leitor:

> Pergunta 1. Porventura esses temores não te fazem questionar se já houve uma obra de graça operada em tua alma?
> Resposta: Sim, de fato, isto acontece.
>
> Pergunta 2. Esses temores não te fazem questionar se o teu temor inicial foi produzido pelo Espírito Santo de Deus?
> Resposta: Sim, isto é verdadeiro.

Pergunta 3. Esses temores não te fazem questionar se alguma vez tiveste, de fato, algum verdadeiro conforto da Palavra e do Espírito de Deus?

Resposta: Sim, isto é verdadeiro.

Pergunta 4. Porventura não encontras, misturado com estes medos, afirmações claras de que o consolo que recebestes no início foi fruto de tuas fantasias, ou do diabo e seus enganos?

Resposta: Sim, realmente, é assim.

Pergunta. 5. Esses medos não enfraquecem teu coração na oração?

Resposta: Sim, enfraquecem.

Pergunta 6. Esses medos não te impedem de lançar mão da promessa de salvação por Jesus Cristo?

Resposta: Sim; pois eu acho que se eu fui enganado antes, se eu fui confortado por um espírito de engano antes, por que não vai ser assim novamente? Então eu tenho receio de me apropriar da promessa.

Pergunta 7. Esses medos não tendem a endurecer o teu coração e a desesperar-te?

Resposta: Sim, de fato eles fazem isso.

Pergunta 8. Esses medos não te impedem de se beneficiar em ouvir ou ler a Palavra?

Resposta: Sim, na verdade, por mais que eu ouça ou leia, eu acho que nada que é bom pertence a mim.

Pergunta 9. Esses medos não tendem a incitar blasfêmias em teu coração contra Deus?

Resposta: Sim, chegando ao ponto de desviar minha atenção.

Pergunta 10. Esses medos não te fazem pensar, às vezes, que é vão esperar no Senhor?

Resposta: Sim, é verdade; e muitas vezes cheguei à conclusão de que devo parar de ler, orar, ouvir, de estar na companhia do povo de Deus, e coisas semelhantes a estas.

Bem, pobre cristão, estou contente que você tenha respondido tão claramente a mim; mas, por favor, reconsidere as suas respostas. Quanto há de Deus nestas coisas? Quanto há de seu Espírito e da graça de sua Palavra? Absolutamente nada; pois estas coisas não são os efeitos verdadeiros e naturais do modo como o Espírito de Deus opera: não, certamente que não é um espírito de escravidão. Estes não são os seus feitos. Não vês a própria garra do diabo neles? [24]

---

24. John Bunyan, *A Treatise on the Fear of God*, 452 [edição em português: Temor a Deus (São Paulo: Editora PES, 2019)].

Bunyan afirma que a obra do diabo é promover um tipo de temor a Deus que faça com que as pessoas tenham tanto medo de Deus que queiram fugir dele. A obra do Espírito é exatamente o oposto disto: produzir em nós um maravilhoso temor, que cativa e nos atrai a Deus. É para esse temor feliz, recomendado pela Escritura e inspirado pelo Espírito, que então nos voltamos.

III
Temor correto

C.I. Scofield se referiu ao *temor de Deus* como "uma frase de piedade do Antigo Testamento".[1] E isso é verdade. Contudo, o temor de Deus não é apenas uma frase piedosa do Antigo Testamento, pois o correto temor a Deus é, muito claramente, uma bênção da nova aliança. E por falar em nova aliança, o Senhor prometeu através de Jeremias:

> Eles serão o meu povo, e eu serei o seu Deus. Dar-lhes-ei um só coração e um só caminho, para que me temam todos os dias, para seu bem e bem de seus filhos. Farei com eles aliança eterna, segundo a qual não deixarei de lhes fazer o bem; e *porei o meu temor no seu coração, para que nunca se apartem de mim.* (Jr 32.38-40)

---

1. *Scofield Reference Bible*, 1909 ed., 607n1 [edição em português: *Bíblia de Estudo Scofield* (Cachoeira do Sul: Editora Vento Sul)].

Que temor é este, que o Senhor coloca no coração do seu povo na nova aliança? Ao contrário daquele medo diabólico que vimos, o qual nos afasta de Deus, este é um temor que nos impede de retrocedermos ou de nos afastarmos dele. Seria, então, esse o tipo de "espírito de servidão" (Rm 8.15) sobre o qual John Newton escreveu no seu hino Graça Maravilhosa?

> Foi a graça que ensinou o meu coração a temer, e a graça que me aliviou dos meus temores.

Bem, certamente, o Espírito pode causar temor naqueles que ele convence de pecado, um temor que os leva a buscar refúgio em Cristo. Mas, como disse Newton, esse medo é então *aliviado* pela graça; pois, já não é mais adequado para o crente, uma vez que ele tenha confiado em Cristo. É um temor trabalhado pelo Espírito, que serve ao bom propósito de levar os pecadores a Cristo. No entanto, esse não é o temor que é "a alma da piedade"[2], ou "o princípio da sabedoria" (Pv 9.10).

UM TEMOR INESPERADO

Em Jeremias 33, o Senhor explica a natureza desse temor da nova aliança, com palavras tão marcantes que nos surpreendem, acima de todas as expectativas. Ele promete:

---

2. John Murray, *Principles of Conduct: Aspects of Biblical Ethics (London: Tyndale, 1957)*, 229 [edição em português: *Princípios de Conduta – Aspectos da Ética Cristã* (DF: Editora Monergismo, 2020)].

'Purificá-los-ei de toda a sua iniquidade com que pecaram contra mim; e perdoarei todas as suas iniquidades com que pecaram e transgrediram contra mim. Jerusalém me servirá por nome, por louvor e glória, entre todas as nações da terra que ouvirem todo o bem que eu lhe faço; espantar-se-ão e tremerão *por causa de todo o bem e por causa de toda a paz que eu lhe dou*. (Jr 33.8-9)

Esse não é um medo de punição, medo do que Deus poderia fazer se o seu povo se afastasse dele. Muito pelo contrário. Em Jeremias 33, o Senhor expõe uma lista de grandes bênçãos.[3] Ele irá purificá-los, perdoá-los e fazer-lhes um grande bem. E eles temem e tremem, precisamente *por causa* de todo o bem que ele faz por eles.

Não se trata, aqui, de um temor que fica do lado oposto da graça e da bondade de Deus. É o tipo de temor descrito por Oséias, quando profetiza como "depois, tornarão os filhos de Israel, e buscarão ao Senhor, seu Deus, e a Davi, seu rei; e, nos últimos dias, *tremendo, se aproximarão do Senhor e da sua bondade*" (Os 3.5). É um temor *"do Senhor e à sua bondade"*. É um temor, como disse Charles Spurgeon, "que se inclina para o Senhor" por causa da sua bondade.[4] É o tipo de temor que causa perplexidade, quando se está diante de Jesus, que dá a vida. Quando Jesus ressuscitou o filho da viúva de Naim, nós lemos:

---

3. Veja também Salmos 67.7 como o clímax do quiástico Salmo 67.

4. Charles H. Spurgeon, "A Fear to Be Desired", em *The Metropolitan Tabernacle Pulpit Sermons*, 63 vols. (London: Passmore & Alabaster, 1855–1917), 48:495.

> Chegando-se, tocou o esquife e, parando os que o conduziam, disse: Jovem, eu te mando: levanta-te! Sentou-se o que estivera morto e passou a falar; e Jesus o restituiu a sua mãe. Todos ficaram possuídos de temor e glorificavam a Deus, dizendo: Grande profeta se levantou entre nós; e: Deus visitou o seu povo. (Lc 7.14-16)

Vejamos outro exemplo surpreendente deste temor, na ocasião em que o Senhor aparece a Jacó em Betel. Assim como em Jeremias 33, o Senhor não profere uma palavra de ameaça, mas só promessa após promessa de pura graça:

> Partiu Jacó de Berseba e seguiu para Hará. Tendo chegado a certo lugar, ali passou a noite, pois já era sol-posto; tomou uma das pedras do lugar, fê-la seu travesseiro e se deitou ali mesmo para dormir. E sonhou: Eis posta na terra uma escada cujo topo atingia o céu; e os anjos de Deus subiam e desciam por ela. Perto dele estava o Senhor e lhe disse: Eu sou o Senhor, Deus de Abraão, teu pai, e Deus de Isaque. A terra em que agora estás deitado, eu ta darei, a ti e à tua descendência. A tua descendência será como o pó da terra; estender-te-ás para o Ocidente e para o Oriente, para o Norte e para o Sul. Em ti e na tua descendência serão abençoadas todas as famílias da terra. Eis que eu estou contigo, e te guardarei por onde quer que fores, e te farei voltar a esta terra, porque te não desampararei, até cumprir eu aquilo que te hei referido. Despertado

Jacó do seu sono, disse: Na verdade, o Senhor está neste lugar, e eu não o sabia. E, temendo, disse: Quão temível é este lugar! É a Casa de Deus, a porta dos céus. (Gn 28.10-17)

O Senhor promete abençoar Jacó, fazê-lo prosperar, estar com ele, preservá-lo, nunca deixá-lo e cumprir todos os seus bons propósitos para com ele. Diante de total bondade e de absoluta graça, Jacó teme. Como explica o Puritano William Gouge, o verdadeiro temor divino "surge da fé na misericórdia e bondade de Deus; pois, quando o coração do homem prova o doce sabor da bondade de Deus e descobre que toda a felicidade lhe é favorável, ele é tomado de admiração e reverência interior".[5]

Preciso acrescentar uma advertência: Gouge descreve aqui o temor de Deus como "uma admiração e reverência interior", e é comum os cristãos usarem "admiração", "respeito" e "reverência" como sinônimos do temor de Deus. Certamente que isso faz parte do temor de Deus que há no cristão e é coerente, em certo ponto, com o fato de que as Escrituras relatam casos de pessoas que caem de rosto em terra, como se estivessem mortas perante Deus. No entanto, espero que venhamos a entender que essas palavras ficam ainda muito aquém de capturar a intensidade e felicidade absoluta do que a Escritura quer dizer quando fala do temor de Deus.

---

5. William Gouge, *Domesticall Duties* (London: John Beale, 1626), 5.

O que já podemos dizer, no entanto, é que o temor de Deus ordenado nas Escrituras "não surge de uma percepção de Deus como um ser perigoso, mas glorioso. Em outras palavras, flui de um sentimento de apreço por Deus".[6] Pode ser chocante ver o Deus que é amor ser também descrito como "o Temor". Mas em Gênesis, ao listar brevemente alguns títulos divinos, Jacó fala a Labão sobre "o Deus do meu Pai, o Deus de Abraão e o Temor de Isaque" (Gn 31.42; ver também v. 53). Esse título assustador fala da profunda impressão deixada em Jacó pela fé que havia em seu pai. Evidentemente, Jacó havia sido ensinado que o Senhor Deus é tão intrinsecamente "temível" por sua natureza e identidade, que ele pode ser conhecido simplesmente como "o Temor". (No Salmo 19, entre as várias descrições da Palavra de Deus - a "lei do Senhor", "o testemunho do Senhor", "os preceitos do Senhor", "o mandamento do Senhor", e "os juízos do Senhor" - vemos a Escritura descrita como "o temor do Senhor" [7-9]. A palavra de Deus manifesta tão perfeitamente a glória daquele que é "o Temor" que ela própria deve ser temida).

Mas o que Isaque quis dizer ao descrever o seu Deus como "o Temor"? O que sabemos da sua experiência com Deus que nos pode ajudar a compreender esse título extraordinário? À medida que lemos, o que impressiona em sua história descrita em Gênesis é que Isaque foi, continuamente, alvo da graça

---

6. J. Stephen Yuille, *Looking unto Jesus: The Christ-Centered Piety of Seventeenth-Century Baptists* (Cambridge: Lutterworth, 2014), XVIII.

imerecida. Mesmo antes do seu nascimento, Isaque era o filho da promessa, o fruto da graça. Ele era o filho que seria o herdeiro (Gn 21). Ele foi resgatado pelo anjo do Senhor e substituído (Gn 22). Para ele, o Senhor providenciou uma esposa maravilhosa de uma forma extraordinária (Gn 24). Então, após a morte de Abraão, lemos, "Deus abençoou Isaque seu filho" (Gn 25.11). Mais adiante, nesse mesmo capítulo, lemos: "Isaque orou ao Senhor por sua mulher, porque ela era estéril; e o Senhor lhe ouviu as orações, e Rebeca, sua mulher, concebeu" (Gn 25.21). "Semeou Isaque naquela terra e, no mesmo ano, recolheu cento por um, porque o Senhor o abençoava" (Gn 26.12). Que mais podemos concluir, senão que Isaque, assim como Jacó, conhecia um Deus que era temivelmente gracioso? Todas as evidências sugerem que ele temia e tremia por causa de todo o bem que o Senhor lhe proporcionara (tal como encontramos em Jeremias 33.8-9).

Olhando para as evidências bíblicas, John Bunyan concluiu que aqueles que não têm fé não terão verdadeiro temor de Deus, aqueles que têm uma fé diabólica terão um temor diabólico e aqueles que têm a fé de um santo terão o temor de um santo. E este temor piedoso, explicou ele:

> Flui principalmente da percepção do amor e da bondade de Deus para com a alma (...) e do senso ou esperança da misericórdia de Deus, em Jesus Cristo (...). De fato, nada pode impor ao coração um dever mais forte para temer a Deus do que a percepção ou a esperança na sua misericórdia (Jr 33.8-9).

Isto gera verdadeira ternura de coração, verdadeira doçura piedosa do espírito; isto verdadeiramente encarece as afeições a Deus; e é nesta verdadeira ternura, nesta doçura e cara afeição a Deus que reside a própria essência deste temor do Senhor.[7]

Temor e amor

É muito claro que o temor de Deus não é, absolutamente, aquilo que nós poderíamos esperar levados pela reação repulsiva da nossa cultura ao próprio conceito de temor. Em vez disso, podemos dizer juntamente com Spurgeon que este é o "tipo de temor que tem em si a própria essência do amor, sem a qual não haveria regozijo, nem mesmo na presença de Deus".[8] De fato, quanto mais de perto olhamos, mais próximos parecem estar o temor de Deus e o amor a Deus. Por vezes, o temor de Deus e o amor a Deus são postos em paralelo, como no Salmo 145:

> Ele acode à vontade dos que o temem; atende-lhes o clamor e os salva. O Senhor guarda a todos os que o amam; porém os ímpios serão exterminados. (Sl 145.19-20)

Do mesmo modo, pense em como Moisés iguala temor e amor no seu resumo da lei:

---

[7]. John Bunyan, "A Treatise on the Fear of God," in *The Works of John Bunyan*, ed. George Offer, 3 vols. (Glasgow: W. G. Blackie & Son, 1854; repr., Edinburgh: Banner of Truth, 1991), 1:460–61

[8]. Charles H. Spurgeon, "A Fear to Be Desired", em *The Metropolitan Tabernacle Pulpit Sermons*, 63 vols. (London: Passmore & Alabaster, 1855–1917), 494.

Estes, pois, são os mandamentos, os estatutos e os juízos que mandou o Senhor, teu Deus, se te ensinassem, para que os cumprisses na terra a que passas para a possuir; *para que temas ao Senhor, teu Deus* (...). Ouve, Israel, o Senhor, nosso Deus, é o único Senhor. *Amarás, pois, o Senhor, teu Deus*, de todo o teu coração, de toda a tua alma e de toda a tua força. (Dt 6.1-5)

A razão pela qual não é imediatamente óbvio para nós que o temor e o amor são equiparáveis é que, muito facilmente, compreendemos mal o amor. O amor é uma palavra banalizada nas nossas vidas. Eu "amo" ficar aconchegado em uma poltrona, lendo um bom livro; "amo" a minha família; "amo" uma boa risada com os meus amigos. E, assim, posso displicentemente assumir que "amar" a Deus é apenas a mesma coisa, significando nada mais do que uma predileção (talvez vaga) ou preferência. Enquanto alguns gostam de pudim, eu gosto de Deus.

No entanto, o meu amor por uma coisa difere do meu amor por outra, porque o amor muda de acordo com o seu objeto. De fato, a natureza do amor é definida pelo seu objeto. Deixe-me ilustrar com três declarações verdadeiras:

1. Eu amo e tenho um verdadeiro afeto pelo meu cão.
2. Eu amo e tenho um verdadeiro afeto pela minha mulher.
3. Eu amo e tenho um verdadeiro afeto por meu Deus.

Todas estas afirmações são verdadeiras; mas, lê-las todas juntas assim, para você deve ter soado muito estranho. Você sabe que haverá algo muito errado se eu quiser dizer exatamente a mesma coisa em cada uma dessas frases. Espera-se, sinceramente, que haja uma diferença. E há: os três amores diferem porque os objetos do amor diferem.

O Deus vivo é infinitamente perfeito; ele é absoluta e fundamentalmente belo, em todos os sentidos: a sua justiça, a sua graciosidade, a sua majestade, a sua misericórdia, a sua plenitude. E, por isso, não o amaremos de forma correta se o nosso amor não for cheio de tremor, de intensidade e de temor. Num certo sentido, então, o estremecedor "temor de Deus" é uma forma de falar sobre a intensidade do amor e prazer dos santos por tudo o que Deus é. O Puritano William Bates expressou o seguinte: "Não há nada mais temeroso do que um amor genuíno, e nada mais amoroso do que um temor filial."[9] Da mesma forma, Spurgeon disse:

> Não é por termos medo dele, mas por nos deleitarmos nele é que temermos perante ele (...). "O teu coração estremecerá e se dilatará de júbilo", diz o profeta Isaías (Is 60.5), e é assim que acontece conosco. Quanto mais tememos o Senhor, mais o amamos, até que isto se torne para nós o verdadeiro temor de Deus – amá-lo com todo o nosso coração, nossa mente, nossa alma e nossa força.[10]

---

9. William Bates, "On the Fear of God", em *The Whole Works of the Rev. W. Bates*, vol.3 (London: James Black, 1815), 187.

10. Charles H. Spurgeon, "A Fear to Be Desired", em *The Metropolitan Tabernacle Pulpit Sermons*, 63 vols. (London: Passmore & Alabaster, 1855–1917), 498.

O temor correto a Deus, então, não é o lado oposto ao nosso amor por Deus. Esse tipo de pensamento foi articulado pelo teólogo católico romano Hans Urs von Balthasar, quando argumentou que "o evangelho da graça não se mostra apenas como um evangelho de amor (que na verdade o é, em Deus), mas também como lei e mandamento, como reverência, consciência, restrição e temor do Senhor".[11]

Mas a ordem de Moisés a Israel, ao resumir a lei, foi precisamente que o povo de Deus deveria *temer e amar* o Senhor seu Deus. O temor correto não é uma contradição com o amor a Deus. O temor correto se põe por terra perante o Senhor; mas, ao se curvar, o faz inclinando-se *"em direção ao Senhor"*.[12] Não é o caso de que o amor aproxima mas o temor afasta. Nem é o caso de que este temor ao Senhor seja um dos aspectos da nossa resposta a Deus. Não é simplesmente que amamos a Deus devido a sua graciosidade e o tememos por causa de sua majestade. Isso seria um temor distorcido de Deus. Nós também o amamos em sua santidade e trememos com a maravilha da sua misericórdia. O verdadeiro temor de Deus é o verdadeiro amor por Deus, assim definido: é a resposta certa à revelação que Deus dá de si mesmo, em toda a sua plenitude, em toda a sua graça e glória.

---

11. Hans Urs von Balthasar, *The Theology of Karl Barth*, trad. Edward Oakes (San Francisco: Ignatius, 1992), 287.

12. Charles H. Spurgeon, "A Fear to Be Desired", in *The Metropolitan Tabernacle Pulpit Sermons*, 63 vols. (London: Passmore & Alabaster, 1855–1917), 495.

Evidentemente, o temor que o próprio Cristo tem (Is 11.1-3), e que partilha conosco, é o oposto de ter medo de Deus. O temor piedoso lança fora o medo. No entanto, esse temor não é, tampouco, uma consideração fria e sem paixão por Deus. Em várias ocasiões, nós vemos na Escritura que os crentes que têm um temor piedoso também tremem perante Deus. Extasiado com a sua bondade, e majestade, e santidade, e graça, e justiça - por tudo o que Deus é –, aquele que é fiel também treme. O tema bíblico do temor de Deus nos ajuda a ver o tipo de amor para com Deus que é adequado. Mostra-nos que Deus não quer atitudes desprovidas de paixão, nem uma vaga preferência por ele. Ter um encontro com o Deus vivo, santo e onipotente significa que, realmente, nós não temos como nos conter. Ele não é uma verdade a ser conhecida sem que cause mudanças, ou um benefício a ser recebido com indiferença. Se entendermos com clareza, a deslumbrante beleza e o esplendor de Deus farão com que os nossos corações se movam com tremor.

Para apreciar isso um pouco mais, tome um momento para se alegrar com um poema do compositor sacro F.W. Faber (1814-1863). Com o título *O Temor de Deus*, é um cântico de tributo ao temor, como sendo o intenso êxtase do amor:

O meu temor de Ti, ó, Senhor! Exulta
Como a vida dentro das minhas veias:
Um temor que afirma, com razão,
Ser uma das dores sagradas do amor.

Temor correto

Tua bondade para com os teus santos de outrora
Parece algo espantoso;
Pois, se em tua majestade não fosses tão bom,
Muito menos serias temido.

Não há alegria que a alma possa encontrar,
Nas várias estradas da vida,
Como o doce temor que se aquieta e se retrai
Sob o olhar de Deus.

Há uma alegria especial no amor
Às coisas que veneramos;
Assim, também, a alegria em Deus será sempre
Proporcional ao nosso temor.

Oh, tu és grandemente digno de ser temido,
Tu és tão pronto a abençoar!
O pavor de perder um amor como o teu
Causa receio, mas faz o amor exceder.

A plenitude da tua misericórdia parece
Preencher tanto a terra como o mar.
Se conseguíssemos ultrapassar limites tão vastos,
Ó, o quanto ficaríamos exilados!

Pois a graça é formidável; com a qual a cada hora
O nosso caminho na vida se cruza;

Se ela fosse mais rara, poderia ser
Menos fácil de ser deixada.

Porém, o temor é amor, e o amor é temor,
E estes se movem de um lado para outro;
Mas o temor é uma alegria mais intensa
Do que um amor meramente frívolo.

Quando mais temo a ti, Senhor!
Mais familiarizado pareço estar;
E a minha alma fica ainda mais livre,
Quando mais temor eu sinto.

Eu não te amaria como te amo,
Se o amor tornasse a liberdade mais intensa;
Pois a sua doçura se perderia
Quanto mais liberdade existisse.

Sinto a ti mais como um Pai
Quando te desejo mais próximo;
E vens não tanto em amor,
Como tu vens, *Ó,* Senhor, em temor!

Amam-te pouco, se é que te amam,
Os que não temem muito a ti;
Se o amor é a tua atração, Senhor!
O temor é o teu próprio toque.

O amor não poderia amar-te metade do que ama
Se não estivesses tão perto;
É a tua proximidade que faz do amor
A perfeição do temor.

Tememos a ti, porque és tão bondoso
E porque pecamos;
E quando demonstramos grande amor,
*É que e*stamos mais a tremer em nosso interior.

E, Pai, quando no céu
Tu revelares o teu rosto,
Então, mais do que nunca, as nossas almas
Tremerão, diante da tua bondade.

A nossa bem-aventurança será que conseguiremos
Suportar ver a ti tão de perto,
E, assim, o amor eterno será
Apenas o êxtase do temor.[13]

TEMOR É A MELHOR PALAVRA?

Em tudo isto, uma questão bastante importante começou a levantar-se: o temor *é a melhor* palavra para uma resposta certa a Deus? Este temor correto a Deus é algo muito positivo; mas

---

13. F.W. Faber, "The Fear of God", em *Faber's Hymns* (New York: Thomas Y. Crowell & Co., 1894), 101.

é difícil vermos assim, visto que essa palavra soa totalmente negativa. Não admira que os cristãos, como observamos anteriormente, têm preferido usar outras palavras como espanto, respeito e reverência no lugar da palavra temor. Será que outra palavra conseguiria capturar melhor esta experiência?

Vejamos as palavras usadas nas Escrituras em referência ao temor de Deus. No Antigo Testamento Hebraico, duas palavras raízes são usadas para descrever o *correto* temor de Deus. Ambas apresentam a visão do Antigo Testamento sobre o temor e servem de modelo para o uso do Novo Testamento, que as traduz como φόβος/φοβέω *(phobos/phobeō*; veja, por exemplo, como Paulo citou o Salmo 36.1 em Romanos 3.18).

A primeira palavra raiz utilizada, e também a mais comum, é ירא (yr'). Talvez o mais marcante seja a forma como é usada, tanto para o temor correto quanto para o pecaminoso. Encontramos um exemplo disso no Êxodo, quando Moisés disse ao povo: "*Não temais*; Deus veio para vos provar e para que *o seu temor esteja diante de vós*, a fim de que não pequeis" (Ex 20.20). Esse termo é usado para se referir ao medo, como quando Adão diz ao Senhor Deus: "Ouvi a tua voz no jardim, e, porque estava nu, tive medo, e me escondi" (Gn 3.10); mas também é utilizado positivamente, para descrever a abençoada e maravilhosa graciosidade de Deus:

> Ó Deus, tu és *tremendo* nos teus santuários; o Deus de Israel, ele dá força e poder ao povo. Bendito seja Deus! (Sl 68.35)

O fato de que essa mesma palavra raiz possa ser utilizada tanto positivamente como negativamente é revelador e sugere uma semelhança entre esses temores que, do contrário, seriam muito diferentes. A outra palavra raiz nos ajuda a compreender o que é essa característica comum, e é ainda mais esclarecedora.

Esta segunda palavra raiz é פחד (phd), e assim como ירא (yr') é usada tanto para o temor correto quanto para o pecaminoso; pode expressar um pavor de congelar os ossos e também um júbilo extasiante. É usada negativamente:

> Os pecadores em Sião se assombram, o *tremor* se apodera dos ímpios. (Is 33.14)

E é utilizada de forma positiva:

> Jerusalém me servirá por nome, por louvor e glória, entre todas as nações da terra que ouvirem todo o bem que eu lhe faço; espantar-se-ão e *tremerão* por causa de todo o bem e por causa de toda a paz que eu lhe dou. (Jr 33.9)

Então, qual é a característica comum que permite que a mesma palavra seja utilizada para experiências tão diametralmente opostas? Como esses dois versos nos ajudam a entender, פחד (phd) sugere a experiência física de estar espantado, agitadamente desiquilibrado, com joelhos fracos e tremendo. Bem, eu posso tremer de formas bem diferentes. Posso tremer de terror, como o soldado treme sob fogo cruzado. Mas, eu também posso tremer mediante intensa devoção, como quando o noivo vê a noiva pela primeira vez. Vemos outro exemplo de פחד (phd), envolvendo um tremor de felicidade, em Isaías 60.5:

> Então, o verás e serás radiante de alegria; o teu coração *estremecerá* [פחד(phd)] e se dilatará de júbilo, porque a abundância do mar se tornará a ti, e as riquezas das nações virão a ter contigo.

O que ambos, ירא (yr') e פחד (phd), mostram é que, se quisermos ser fiéis ao sentido do temor de Deus conforme apresentado nas Escrituras, devemos idealmente usar palavras que englobem esse âmbito prático: positivo e negativo. O que פחד, em particular, nos ajuda a ver é a característica comum entre o temor e o medo; ou seja, o tremor. Isto nos mostra que o temor a Deus não é um comportamento indiferente, reticente ou displicente. Antes, é uma reação fisicamente espantosa e irresistível. Assim, respeito e reverência são sinônimos simplesmente fracos e imprecisos para se referir ao temor de Deus. A palavra deslumbramento parece ajustar-se melhor ao significado, apesar de não captar bem a intensidade física envolvida, nem a emoção de alegria ou o maravilhoso deleite, o qual se inclina para o Senhor em vez de afastar-se dele. Na verdade, essas outras palavras podem causar uma impressão equivocada, fazendo-nos pensar no temor correto como uma resposta apenas a certos atributos de Deus e não a outros. Por exemplo, se simplesmente usarmos a palavra deslumbramento tenderemos a pensar no temor como uma resposta apenas à transcendência e ao poder de Deus, não à sua graça. Pense na palavra respeito - é um termo estranho para uma resposta ao amor de Deus - e da mesma forma é um substituto inadequado para a palavra temor. Assim, também, a palavra reverência pode soar um tanto fria e indiferente. Não que esses termos estejam errados; é, simplesmente, que não são sinônimos perfeitos para o temor de Deus.

Talvez, então, ao procurarmos falar do temor de Deus, seja melhor reconhecer as falhas de todas as palavras isoladamente. Certamente que a palavra temor tem as suas próprias dificuldades; mas, está bem estabelecida e nenhuma outra palavra pode substituí-la adequada e completamente. Se queremos avaliar corretamente como o temor de Deus é distinto de todos os outros temores, os sinônimos por si só não ajudarão; o tema deve ser exposto e ensinado.

Temor e alegria

Falar que há uma alegre emoção e maravilhoso deleite neste temor é fazer uma afirmação surpreendente. No entanto, pelas Escrituras, fica claro que o temor de Deus define o verdadeiro amor por Deus, como também define a verdadeira alegria em Deus. Da mesma forma que Cristo se deleitava no temor do Senhor, assim também o temor do Senhor é um deleite para os crentes, pois trata-se de desfrutar da sua adorável e temível glória.

O Deus vivo não é somente um Deus de plena alegria mas também um Deus temível; quando temos este temor, adentramos na alegria do nosso Mestre. "Bem-aventurado" ou "feliz" – assim como Deus - "é o homem constante no temor de Deus" (Pv 28.14; ver também Is 66.5). Assim ora Neemias: "Ah! Senhor, estejam, pois, atentos os teus ouvidos à oração do teu servo e à dos teus servos que se agradam de temer o teu nome (...)" (Ne 1.11). O Salmo 2.11 diz que aqueles que servem "o Senhor com temor" irão alegrar-se nele "com tremor", tal como as duas mulheres que, tendo ouvido falar da ressurreição de Jesus, partiram do sepulcro "tomadas de medo e grande alegria" (Mt 28.8). Aqueles que compreendem a glória do Senhor revelada - especialmente nos seus poderosos atos de salvação – entendem que ele é "deslumbrante" ou "temível" em sua glória (Ex 15.11). É por isso que Isaías 60.5 usa פחד (phd) ("Então, o verás e serás radiante de alegria; o teu coração estremecerá e se dilatará de júbilo") para descrever uma emoção de intensa alegria, com a qual o coração palpita de prazer. Os crentes, disse Charles Spurgeon, cultuam e adoram o Deus vivo "com um temor alegre e terno, que tanto nos humilha quanto enaltece, pois nunca parecemos estar mais perto do trono celestial do que quando o nosso espírito se entrega a adorar aquele a quem não vê, mas em cuja presença inegável treme com santo prazer".[14]

Visto que esse temor encontra um prazer sincero no próprio Deus, começa também a sentir um prazer genuíno em caminhar nos seus caminhos. O "homem que teme ao Senhor" é o mesmo que "se compraz nos seus mandamentos" (Sl 112.1).

---

14. Charles Spurgeon, "A Fear to Be Desired", em *The Metropolitan Tabernacle Pulpit Sermons*, 63 vols. (London: Passmore & Alabaster, 1855–1917), 496.

E, ao mesmo tempo, Deus se compraz naqueles que nele se deleitam com intenso prazer e tremor.

> Não faz caso da força do cavalo, nem se compraz nos músculos do guerreiro.
> Agrada-se o Senhor dos que o temem e dos que esperam na sua misericórdia. (Sl 147.10-11)

Os pregadores puritanos sempre foram propensos a esclarecer a natureza deste temor de Deus, visto que, geralmente, o seu povo era inclinado a pensar em temor como oposto de prazer. William Ames, por exemplo, distinguiu entre o medo pecaminoso e o temor recomendável. O medo pecaminoso, explicou, é esse "medo que afasta os homens de Deus, ou que os leva a fugir para longe dele; é o tipo de temor que é apenas medo da ira de Deus". Em contraste, o temor que a Escritura recomenda é aquele "cuja causa principal não é qualquer maldade que possa nos colocar em perigo; mas, sim, a excelente perfeição de Deus".[15] Pois, como entenderam os puritanos, é desse temor que as Escrituras falam. Em Jeremias 2.13, o Senhor descreve a si mesmo como a fonte das águas vivas, com o lamento:

> Porque dois males cometeu o meu povo: a mim me deixaram, o manancial de águas vivas, e cavaram cisternas, cisternas rotas, que não retêm as águas.

---

15. William Ames, "Conscience with the Power and Cases Thereof", em *The Work of the Reverend William Ames* (London: John Rothwell, 1643), 51.

Mas o que significa deixar a fonte das águas vivas? O Senhor dá a explicação:

> (...) vê que mau e quão amargo é deixares o Senhor, teu Deus, e não teres temor de mim, diz o Senhor, o Senhor dos Exércitos. (Jr 2.19)

Temer o Senhor é apreciá-lo e beber da sua doce água. Esse é o sentido crucial em que o Senhor deve ser temido "mais que todos os deuses" (Sl 96.4).

Esse temor de Deus não é, portanto, o tom menor nem o lado sombrio da alegria correta em Deus. Não há tensão entre esse temor e a alegria. Pelo contrário, este tremendo "temor de Deus" é uma forma de falar sobre a intensidade da felicidade dos santos em Deus. Em outras palavras, o tema bíblico do temor de Deus ajuda-nos a ver o tipo de alegria que é mais apropriada para crentes. O nosso desejo por Deus e o nosso deleite nele não devem ser mornos. Assim como o nosso amor por Deus é um amor repleto de tremor e deslumbre, assim também a nossa alegria em Deus é, no seu estado mais puro, um júbilo repleto de temor, tremor e deslumbramento; pois, o objeto da nossa alegria é, espantosa e temerosamente, maravilhoso. Somos feitos para nos regozijarmos e tremermos perante Deus, para amá-lo e desfrutá-lo com uma intensidade que lhe seja adequada. E o que é mais próprio da sua infinita magnificência do que nos alegrarmos nele, mais do que a nossa fragilidade pode suportar, com admiração e tremor?

Normalmente, a nossa alegria em Deus é fria e imperfeita; mas, como desenvolvemos a nossa salvação "com temor e tremor" (Fl 2.12), nós nos tornamos cada vez mais "temerosamente" felizes, como o nosso Deus.

A extraordinária combinação de alegria e temor pode ser bem vista quando duas declarações sábias e conhecidas são colocadas juntas. Uma se refere ao "dever de todo homem", a outra ao "fim principal do homem"; mas, ambas se parecem: falam do propósito para o qual fomos feitos. A primeira declaração é do livro de Eclesiastes, onde o Pregador conclui o seu argumento: "De tudo o que se tem ouvido, a suma é: Teme a Deus e guarda os seus mandamentos; porque isto é o dever de todo homem" (Ec 12.13). A segunda declaração é a primeira resposta do Breve Catecismo de Westminster, que diz: "O fim principal do homem é glorificar a Deus e gozá-lo para sempre." Devemos temer a Deus e guardar os seus mandamentos, ou devemos glorificar a Deus e nos alegrarmos nele para sempre? Não há contradição, pois ambas as afirmações descrevem a mesma verdade. Aqueles que temem a Deus também o glorificam, como canta a canção dos vitoriosos em Apocalipse 15.4: "Quem não temerá e não glorificará o teu nome, ó Senhor?" E não é só isso: quando o Pregador nos chama a temer a Deus, ele nos chama precisamente a experimentar o gozo maravilhoso e glorioso de Deus, que Westminster chama de "o fim principal do homem".

William Bates destacou isto, quando se propôs a examinar "a coerência que há entre o temor de Deus, a fé, o amor e a esperança".¹⁶ Cada um, explicou ele, é um aspecto da única obra de graça na alma; e, portanto, o temor não pode ser contrário à alegria. Em absoluto, prossegue Bates; pois, a alma "muito amavelmente se regozijará em Deus, quando estiver cheia de intensa admiração por sua bondade; pois este temor não contrai o coração, como faz a dor, mas alarga o coração em louvores a Deus".¹⁷

A questão não é que somente a bondade de Deus nos deixa maravilhados ao nos regozijarmos nele. Os crentes se regozijam e tremem por tudo que Deus é. Nas Escrituras, por vezes é a bondade de Deus que leva seu povo a adorá-lo em completo temor: "Tão somente, pois, temei ao Senhor e servi-o fielmente de todo o vosso coração; pois vede quão grandiosas coisas vos fez" (1Sm 12.24); outras vezes, no entanto, é a sabedoria de Deus que tem o mesmo efeito:

> Quem te não temeria a ti, ó Rei das nações? Pois isto é a ti devido; porquanto, entre todos os sábios das nações e em todo o seu reino, ninguém há semelhante a ti. (Jr 10.7)

Por vezes é a santidade de Deus:

> Quem não temerá e não glorificará o teu nome, ó Senhor? Pois só tu és santo; por isso, todas as nações virão e adorarão

---

16. William Bates, "On the Fear of God", em *The Whole Works of the Rev. W. Bates*, vol.3 (London: James Black, 1815), 183.

17. William Bates, "On the Fear of God", em *The Whole Works of the Rev. W. Bates*, vol.3 (London: James Black, 1815), 188.

diante de ti, porque os teus atos de justiça se fizeram manifestos. (Ap 15.4)

Por vezes é a sua grandeza:

> Agora, pois, ó Israel, que é que o Senhor requer de ti? Não é que temas o Senhor, teu Deus, e andes em todos os seus caminhos, e o ames, e sirvas ao Senhor, teu Deus, de todo o teu coração e de toda a tua alma (...)? Pois o Senhor, vosso Deus, é o Deus dos deuses e o Senhor dos senhores, o Deus grande, poderoso e temível, que não faz acepção de pessoas, nem aceita suborno. (Dt 10.12-17)

E outras vezes o seu perdão é que nos faz tremer:

> Contigo, porém, está o perdão, para que te temam. (Sl 130.4)

Em cada caso, os crentes desfrutam destas belas perfeições de Deus. Não é que alguns dos seus atributos nos levam a amar e desfrutar dele, enquanto outros nos fazem hesitar. Como Stephen Charnock explica:

> Mediante Cristo, nada que há em Deus parece terrível para o crente. O sol nasceu, as sombras desaparecem, Deus caminha sobre as orlas do amor, a justiça deixou o seu aguilhão em um dos lados do Salvador, a lei está desarmada, as armas estão distantes de sua mão, o seu peito aberto, suas entranhas se enternecem, seu coração suspira, doçura e amor está em todo

o seu proceder. E isto é a vida eterna, conhecer a Deus e crer na sua gloriosa misericórdia e justiça em Jesus Cristo.[18]

Esta é a razão de pesquisarmos as Escrituras, para que possamos conhecer melhor a Deus em todos os seus caminhos e em todas as suas perfeições, e venhamos a nos regozijar nele tão intensamente ao ponto de tremermos.

> Filho meu, se aceitares as minhas palavras e esconderes contigo os meus mandamentos, para fazeres atento à sabedoria o teu ouvido e para inclinares o coração ao entendimento, e, se clamares por inteligência, e por entendimento alçares a voz, se buscares a sabedoria como a prata e como a tesouros escondidos a procurares, então, entenderás o temor do Senhor e acharás o conhecimento de Deus. (Pv 2.1-5)

A ESSÊNCIA DO NOVO CORAÇÃO

Se o temor é realmente tão básico para a vida do crente, podemos, então, perguntar por que não está listado entre os frutos do Espírito. Paulo descreve os frutos: "amor, alegria, paz, longanimidade, benignidade, bondade, fidelidade, mansidão, domínio próprio" (Gl 5.22-23). Ele menciona amor e alegria, mas não o temor.

John Bunyan, ao dizer que, para o cristão, o temor "é o maior dever", explica:

---

18. Stephen Charnock, *The Complete Works of Stephen Charnock*, vol.10 (Edinburgh: James Nichol, 1865), 4:163.

Eu digo que este não é apenas um dever em si mesmo, mas é, por assim dizer, o sal que condimenta todos os deveres. Pois não há nenhum dever realizado por nós que pode, de alguma forma, ser aceito por Deus, se não for temperado com um temor piedoso.[19]

Ou seja, este correto temor de Deus faz parte da natureza do novo coração. O fruto do Espírito é precisamente aquele caráter que brota de um coração temente a Deus. Amor, alegria, paz, longanimidade, benignidade, bondade, fidelidade, mansidão, domínio próprio, todos esses são a bela e vívida encarnação do temor de Deus.

É por isso que o temor não está nessa lista de Paulo. Igualmente, poderia ser perguntado por que não é mencionada a fé. Pois, tal como o temor, a fé faz parte da nova constituição do coração. O Senhor prometeu, através de Jeremias, a respeito da nova aliança: "(...) porei o meu temor no seu coração, para que nunca se apartem de mim" (Jr 32.40). O novo coração que o Espírito dá, ao regenerar os crentes, é um coração que se regozija com tremor diante de Deus; e, assim, é um coração que confia nele e não lhe dá as costas.

O temor correto está no cerne da santidade, fazendo a diferença entre o desempenho hipócrita e o conhecimento genuíno de Deus. Faz parte da composição do coração que confia em

---

19. John Bunyan, "A Treatise on the Fear of God," 438.

Deus, e é por isso que lemos na Escritura sobre este temor que move ou dá à luz a fé. Israel, por exemplo, viu "o grande poder que o Senhor exercitara contra os egípcios; e o povo temeu ao Senhor e confiou no Senhor e em Moisés, seu servo" (Ex 14.31). Aqueles que temem a Palavra do Senhor ouvem a Palavra do Senhor (Ex 9.20-25; Heb 11.7).

De fato, a fé salvadora não pode ser separada do correto temor de Deus; pois, só confiaremos em Deus na medida em que tivermos este temor que se inclina para ele. O temor não só define o nosso amor por Deus e a nossa alegria em Deus; ele, também, nos predispõe a confiar em Deus. Assim, João Calvino pode escrever: "O conhecimento de Deus que nos é apresentado na Escritura (...) convida-nos primeiro a temer a Deus, depois a confiar nele."[20] A ordem é inescapável, pois apenas um coração temente a Deus será sempre também um coração confiante em Deus.

Nisto reside um grande encorajamento. Para nós, é instintivo construir a nossa autovalorização sobre o nosso desempenho. Assim, um profundo desânimo se apodera do cristão que se sente incapaz de ser útil, que está envelhecendo em um lar de idosos ou enlaçado em um trabalho aparentemente mundano. Mas, "agrada-se o Senhor dos que o temem" (Sl 147.11). E isto continuamente. Abençoados, portanto, são aqueles que temem a Deus; pois, como disse Bunyan:

---

20. João Calvino, *Institutes of the Christian Religion*, ed. John T. McNeill, trans. Ford Lewis Battles (Louisville: Westminster John Knox, 2011), 1.10.2.

Deus não relegou o consolo ao seu povo, nem a salvação das suas almas, a que eles façam suas obrigações exteriores, mas em que creiam, amem e temam a Deus. Tampouco condicionou estas coisas a atitudes com a saúde, nem à boa gestão de suas melhores qualidades, mas em que recebam a Cristo e temam a Deus. Isto, ó bom cristão, deves fazer, e fazer de bom grado, ainda que estejas confinado ao leito durante o resto de teus dias; é possível estar doente e ainda crer; estar enfermo e amar, estar doente e temer a Deus, e assim ser um homem abençoado. Neste ponto, o pobre cristão tem algo para responder aos que o censuram por sua origem ignóbil e pela falta de honra da sabedoria do mundo. É verdade, diga esse homem, que eu fui tirado de um monte de cinzas, nasci numa classe social baixa e básica, mas temo a Deus. Não tenho grandeza deste mundo, nem excelência natural, mas temo a Deus.[21]

O lado oposto a isto é, certamente, um grande desafio. O Senhor olha para o coração e fica satisfeito quando o encontra com tremor, admiração, amor e louvor. Mas isso deve preocupar os que colocam a sua confiança na sua utilidade exterior, em vez de na condição interior de seus corações.

No entanto, todos devem ser encorajados; pois, a natureza do Deus vivo implica que o temor que lhe agrada não é um temor rastejante e retraído. Ele não é tirano. Há um êxtase de amor e

---

21. John Bunyan, "A Treatise on the Fear of God," 490.

alegria que demonstra o quanto Deus é maravilhosamente bom, generoso, magnificente e verdadeiro, e que, portanto, a ele se inclina em crescente louvor e fé.

IV
Deslumbrados pelo Criador

Há diferentes tipos de temor; alguns são bons e agradáveis, outros são maus e aterradores. Há um temor de Deus que é correto, e há um temor de Deus que é pecaminoso. Porém, se você procurar com diligência, ficará claro que há muitos outros aspectos de temor: diferentes *tipos* de temor correto de Deus. Perdoem-me se dou a entender que estamos nos desviando de um terreno mais firme para um matagal de detalhes sem importância. Longe disso. Estamos nos aprofundando e avançando no assunto.

João Calvino pode nos dar alguma ajuda nesse contexto. Em 1559, Calvino produziu a edição final e definitiva da sua obra-prima, *Institutas da Religião Cristã*. Às vezes, as pessoas pensam nas *Institutas* de Calvino como uma enciclopédia da fé; de fato, você pode utilizá-la dessa forma, como um livro de referência, onde você pode mergulhar. Contudo, Calvino o escreveu como uma argumentação fluente, que mostra o desenvolvimento adequado de um verdadeiro conhecimento de Deus. Ele fez sua argumentação em quatro etapas:

- Livro 1: Sobre o conhecimento de Deus Criador.
- Livro 2: Sobre o conhecimento de Deus, Redentor em Cristo.
- Livro 3: Da maneira de receber a graça de Cristo.
- Livro 4: Dos meios exteriores ou auxílios mediante os quais Deus nos convida à comunhão com Cristo e nela nos mantém.

Apenas os dois primeiros passos da sua argumentação são realmente relevantes a este contexto, mas são maravilhosamente esclarecedores. Calvino diz que há dois passos, ou níveis, para o nosso conhecimento de Deus: o conhecimento de Deus o Criador, e o conhecimento de Deus o Redentor em Cristo. Com isto, Calvino nos deu um modelo muito útil. Assim como há dois níveis de conhecimento de Deus, há também dois tipos corretos de temor a Deus, que são ações correspondentes: temor de Deus o Criador, e temor de Deus o Redentor em Cristo.

"Ó SENHOR, QUÃO MAGNÍFICO EM TODA A TERRA É O TEU NOME!"

O primeiro aspecto de um correto temor a Deus é o sentimento de impotência e tremor diante do fato de que Deus é o Criador. É sentir um apreço - na verdade é regozijar-se – por Deus ser esplêndido em sua transcendência, muito acima e além da criação.

Deus é santo, majestoso, perfeito, todo-poderoso e deslumbrante em todas as suas perfeições. Este temor contempla o Criador e fica estupefato, assim como Davi, e pergunta: "Que é o homem, que dele te lembres?" (Sl 8.4). À luz da magnificência eterna de Deus, de sua autoexistência e firmeza inabalável, este temor nos faz perceber o quanto nós, humanos, somos inconstantes e efêmeros. Calvino escreveu:

> Daqui provém aquele horror e espanto pelo qual, em diversas passagens, a Escritura narra que tenham sido abalados e afligidos os santos todas as vezes que sentiram a presença de Deus. De fato, quando vemos aqueles que se mantinham firmes e seguros na ausência de Deus serem tão consternados e abalados, quando ele manifesta sua glória, que são derrubados pelo medo da morte ou, antes, devorados e quase aniquilados, devemos então concluir que o homem nunca é suficientemente atingido e afetado pelo conhecimento da pequenez de sua humanidade, a não ser depois que se compara com a majestade de Deus. Temos numerosos exemplos dessa consternação, seja no livro dos Juízes, seja nos livros dos Profetas, de sorte que essa expressão tenha sido frequente para o povo de Deus: "Morreremos porque vimos a Deus" (Jz 13.22; Is 6.5; Ez 2.1; 1.28; Jz 6.22-23; e outros lugares).[1]

---

1. João Calvino, *A Instituição da Religião Cristã*, Tomo I, Livro I (São Paulo: Editora Unesp, 2008), 39.

Isso, claro, vem do livro 1 das *Institutas*, onde Calvino faz considerações sobre o conhecimento de Deus, *o Criador*. Tal estado de estupefação e espanto é o resultado de contemplar a majestade do Criador.

É de se esperar que o temor com tremor seja a reação correta para com o Criador. Isso demonstra que a santidade do Criador não é anêmica e passiva, a ser recebida com palavras frívolas e com leviandade. A santidade do Senhor soberano é tremenda, vívida e deslumbrante. *Não* temê-lo seria pura loucura. Na verdade, argumentou John Bunyan, aqueles que não temem a Deus são mais estúpidos do que tolos animais, pois estes temem o ser humano (Gn 9.2). Escreveu Bunyan:

> Mas que vergonha é esta para o homem, que Deus sujeite a ele todas as suas criaturas, e ele se recuse a inclinar seu coração para Deus? A fera, o pássaro, o peixe e tudo o mais têm medo e pavor do homem; sim, Deus pôs nos seus corações o temor pelo homem e, no entanto, o homem não tem medo nem tremor. Eu me refiro ao temor piedoso em relação a Deus, que amorosamente tudo colocou abaixo do homem. Pecador, não tens vergonha de que uma vaca tola, uma ovelha, sim, um porco, observem melhor a lei da criação do que tu observas a lei do teu Deus?[2]

Diante do esplendor da majestade do Criador, devemos nos humilhar. Perante o brilho da sua pureza, devemos nos

---

2. John Bunyan, "A Treatise on the Fear of God," in The Works of John Bunyan, ed. George Offer, 3 vols. (Glasgow: W. G. Blackie & Son, 1854; repr., Edinburgh: Banner of Truth, 1991), 1:478.

envergonhar. Ante o vislumbre de sua divina santidade, devemos clamar como Jó:

> Eu te conhecia só de ouvir, mas agora os meus olhos te veem.
> Por isso, me abomino e me arrependo no pó e na cinza.
> (Jó 42.5-6)

Tal conhecimento do Criador produz um temor que leva à humildade, arrependimento e desprezo por toda a autocomplacência e arrogância.

O temor do Criador nos incrédulos

Há um sentido em que todas as pessoas, e não apenas os cristãos, podem ter algum conhecimento deste temor ao Criador. Veja, por exemplo, o caso de Abimeleque, em Gênesis 20, que trata Sara, mulher de Abraão, com respeito porque embora fosse pagão ele tinha algum temor de Deus (Gn 20.9-11). O poeta panteísta William Blake (1757-1827) expressou comoventemente o seu temor de Deus nas palavras vibrantes de *O Tigre*:

> Tigre, tigre que flamejas
> Nas florestas da noite.
> Que mão que olho imortal
> Poderia plasmar tua terrível simetria?
> Em que longínquo abismo, em que remotos céus
> Ardeu o fogo de teus olhos?
> Sobre que asas se atreveu a ascender?

Que mão teve a ousadia de capturá-lo?
Que espada, que astúcia foi capaz de urdir
As fibras do teu coração?

E quando teu coração começou a bater,
Que mão, que espantosos pés
Puderam arrancar-te da profunda caverna,
Para trazer-te aqui?

Que martelo te forjou? Que cadeia?
Que bigorna te bateu? Que poderosa mordaça
Pode conter teus pavorosos terrores?

Quando os astros lançaram os seus dardos,
E regaram de lágrimas os céus,
Sorriu ele ao ver sua criação?
Quem deu vida ao cordeiro também te criou?

Tigre, tigre, que flamejas
Nas florestas da noite.
Que mão, que olho imortal
Ousou plasmar tua terrível simetria?[3]

O que se destaca aqui é que a ferocidade do tigre leva Blake a considerar o quão terrível deve ser o seu Criador. Há nisto algo

---

3. William Blake, *The Tyger* (1794).

inteiramente correto: o Criador de tal fera deve ser, e na verdade é, muito temível. Mas Blake não consegue ir além; ele fica temeroso, *mas não vem a amar* o Criador. George MacDonald, o "mestre" de C.S. Lewis, escreveu sobre esse tipo de temor:

> Aquilo que é desconhecido, embora ainda venha a ser conhecido, será sempre mais ou menos formidável. Quando aquilo é conhecido como imensamente maior do que nós, com reivindicações e exigências sobre nós; quanto mais vagamente estas coisas são compreendidas, mais espaço há para a ansiedade; e quando a consciência não é clara, esta ansiedade pode fazer aumentar o terror. De acordo com a natureza da mente que se ocupa com a ideia do Supremo, seja ele considerado como criador ou soberano, ele será visto como o tipo e o grau do terror. A esta questão de terror não pertencem ideias de exaltação a Deus; mais medo têm dele aqueles que o imaginam conforme seus próprios males, visto ter maior poder do que eles, e ser facilmente capaz de forçar a sua vontade arbitrária contra eles. Aqueles que o mantêm um pouco acima do que eles próprios, de modo algum tendem a unirem-se com ele: quem se aparta tanto como os que se encontram no mesmo nível de ódio e desconfiança? O poder sem o amor, a dependência onde não há justiça, o culto sem devoção, a indisposição da adulação servil.[4]

---

4. George MacDonald, *Unspoken Sermons - Second Series* (London: Longmans, Green & Co., 1885), 73.

O temor do Criador nos crentes

Agora compare as palavras de Blake com as do autor de hinos, Isaac Watts, o qual considera a grandeza do Criador:

> Poder eternal, cuja alta morada
> Torna-se a grandiosidade de um Deus,
> Comprimentos infinitos para além dos limites
> Onde as estrelas resolvem as suas pequenas rondas.
>
> O degrau mais baixo à volta do teu assento,
> Sobe demasiado alto para os pés de Gabriel;
> Em vão, o alto arcanjo tenta
> Atingir a tua altura, com olhos maravilhados.
>
> Por tua deslumbrante beleza, enquanto ele canta,
> Ele esconde o rosto atrás de suas asas,
> E as fileiras de tronos brilhantes ao redor
> Prostram em adoração por todo o canto.
>
> Senhor, o que farão a terra e as cinzas?
> Adoraremos também o nosso criador;
> Do pecado e do pó clamamos a ti,
> O Grande, o Santo, e o Elevado!
>
> A terra, de longe, ouviu de tua honra,
> E os vermes aprenderam a balbuciar o teu nome;
> Mas, oh! As glórias de tua mente
> Deixam para trás todos os nossos pensamentos altivos.

Deus está no céu, e os homens cá em baixo;
Sejam curtos os nossos cantos, as nossas palavras sejam poucas;
Uma santa reverência sonda nossas canções,
E o louvor se assenta em silêncio em nossos lábios.[5]

Tal como em Blake, encontramos aqui silêncio e deslumbramento. Watts sente que ele não passa de pecado e pó diante da alta majestade de Deus. Mas o tom desses poemas é completamente diferente. Watts encontra-se cheio de adoração. O seu temor é repleto de adoração e devoção; é um temor amoroso que o leva a se inclinar perante Deus, e não a fugir.

O que causa tanta diferença entre os dois poetas? É simplesmente que Watts se aprofundou em seu conhecimento de Deus. Ele não tinha apenas o conhecimento de Deus Criador; tinha também o conhecimento do Deus Redentor em Cristo. E esse conhecimento de Deus, como humilde, gracioso e compassivo Redentor, embeleza a visão da sua transcendente majestade como Criador. E aumenta o nosso espanto diante da magnificência do Criador, bem como nosso regozijo por ela, quando a conhecemos como a magnificência perfeita do bondoso Salvador. Quando conhecemos Deus como Redentor, ficamos libertos de todas as dúvidas de Blake sobre o caráter de Deus e nos libertamos de todos os receios de que este Deus maravilhoso possa estar contra nós. Em outras palavras, somos totalmente libertos para desfrutar dele como Criador.

---

5. Isaac Watts, *Eternal Power Whose High Abode* (1706).

Jonathan Edwards assim explicou sobre o "conhecimento do Criador, desprovido do conhecimento dele como Redentor", conforme o pensamento de Blake:

> É possível que aqueles que são totalmente desprovidos da graça tenham uma visão clara e uma sensação elevada e comovente sobre a grandeza de Deus, sobre o seu grande poder e tremenda majestade; pois é isso que os demônios têm, embora tenham perdido o conhecimento espiritual de Deus, que consiste no senso do prazer em suas perfeições morais. Os demônios são totalmente desprovidos de qualquer senso ou inclinação por esse tipo de beleza, no entanto têm um conhecimento muito grande da glória natural de Deus (se assim posso falar) ou de sua espantosa grandeza e majestade; isto eles contemplam, e são impactados com essa percepção e, portanto, tremem perante ele.[6]

Esta foi a história que Edwards contou de si mesmo em sua *Narrativa Pessoal*. Quando criança, escreveu ele, a sua mente estava "cheia de objeções contra a doutrina da soberania de Deus".[7] Incapaz de descansar em Deus, ele achava que saber de um Criador fosse algo terrível. Isto lhe veio à tona por seu medo característico durante as trovoadas: "Eu costumava ser uma pessoa incomumente

---

6. Jonathan Edwards, Religious Affections, ed. John E. Smith, vol. 2 of The Works of Jonathan Edwards (New Haven, CT: Yale University Press, 1959), 263.[edição em português: Afeições Religiosas, (São Paulo: Edições Vida Nova, 2018).

7. Jonathan Edwards, "Personal Narrative", em *Letters and Personal Writings*, ed. George S. Claghorn, vol.16 de The Works of Jonathan Edwards (New Haven, CT: Yale University Press, 1998), 791–92.

aterrorizada com o trovão: e eu ficava apavorado, toda vez que via uma tempestade se aproximando."[8] Depois, através da leitura das Escrituras, ele começou a sentir a excelência de Deus e, disse: "Percebi o quanto seria feliz, se eu pudesse me alegrar naquele Deus e fosse envolvido por ele no céu."[9]

> Nessa altura, comecei a ter uma nova compreensão e ideias a respeito de Cristo, da obra de redenção e sobre o glorioso caminho de salvação por meio dele. Eu tinha um agradável senso interior sobre estas coisas, que por vezes vinham ao meu coração; e a minha alma era conduzida a prazerosas vistas e contemplações das mesmas. A minha mente estava muito empenhada em usar o meu tempo na leitura e meditação sobre Cristo; na beleza e excelência da sua pessoa e no amoroso caminho de salvação, por sua graça gratuita.[10]

Aqueles bons pensamentos sobre Deus, o Redentor em Cristo, mudaram inteiramente a forma como ele via Deus, o Criador, e transformou a maneira como ele depois experimentou esta glória de Deus na criação. Aquilo que outrora tinha sido tão terrível, mais que qualquer outra coisa, como uma tempestade de trovoada,

---

8. Jonathan Edwards, "Personal Narrative", em *Letters and Personal Writings*, ed. George S. Claghorn, vol.16 de The Works of Jonathan Edwards (New Haven, CT: Yale University Press, 1998), *794*.

9. Jonathan Edwards, "Personal Narrative", *792*.

10. Jonathan Edwards, "Personal Narrative", *793*.

(...) agora, pelo contrário, me trouxe regozijo. Senti Deus em cada surgimento de uma trovoada. E aproveitava essas oportunidades para observar as nuvens e os relâmpagos, e ouvir a voz majestosa e terrível do trovão de Deus. Isto muitas vezes era excessivamente encantador, levando-me a doces contemplações do meu grande e glorioso Deus.[11]

A experiência de Edwards com a criação se tornou diferente, porque o seu conhecimento do Criador foi infundido com o conhecimento de que o Deus elevado e santo é, também, o gracioso Redentor. Isso significava que, quando ele olhava para a criação, ele não a olhava apenas como a obra do Criador, mas também como a obra daquele que foi ao mesmo tempo seu Criador e o seu Redentor. E assim, quando:

> (...) eu olhava para o céu e para as nuvens, vinha à minha mente um doce sentido da gloriosa majestade e graça de Deus, que eu não sei como expressar. Parecia ver as duas coisas em uma doce conjunção: majestade e mansidão unificadas; era uma doce, gentil e santa majestade; e também uma mansidão majestosa, um doce espanto; uma elevada, grande e santa mansidão. Depois disto, minha compreensão das coisas divinas aumentou gradualmente e tornou-se cada vez mais vívida, e experimentei mais daquela doçura interior. O aspecto de tudo foi alterado: parecia haver, por assim dizer, uma forma

---

11. Jonathan Edwards, "Personal Narrative", 794.

ou aparência calma e doce da glória divina, em quase tudo. A excelência de Deus, a sua sabedoria, a sua pureza e amor, pareciam estar presente em tudo: no sol, na lua e nas estrelas; nas nuvens e no céu azul; na relva, nas flores e nas árvores; na água e em toda a natureza; estas coisas me serviram muito para firmar a minha mente. Com frequência me assentava demoradamente para olhar a lua; e, durante o dia, passava muito tempo olhando as nuvens e o céu, para contemplar a doce glória de Deus nestas coisas, ao mesmo tempo em que cantava em voz baixa as minhas contemplações sobre o Criador e o Redentor.[12]

Charles Spurgeon argumentou que os crentes adoram a Deus em temor, e que "nós, que acreditamos em Jesus, não temos medo de Deus, mesmo sendo ele o nosso Rei".[13] Pois conhecemos o belo *caráter* daquele que governa: o Criador soberano é um Redentor gracioso e misericordioso. Aqueles que aprendem apenas, ou predominantemente, que Deus é Rei e Criador, sentirão o mesmo pavor de William Blake. Somente aqueles que começam, também, a ouvir falar da graciosidade redentora de Deus para com os pecadores, partilharão o prazer de Edwards no seu Criador, ou de Spurgeon, quanto a este assunto. Ouçam como ele diz coisas semelhantes:

---

12. Jonathan Edwards, "Personal Narrative", 793–94.

13. Charles H. Spurgeon, "A Fear to Be Desired", em *The Metropolitan Tabernacle Pulpit Sermons*, 63 vols. (London: Passmore & Alabaster, 1855–1917), 48:498.

Ao olhar para a vasta extensão das águas, olhar para as inúmeras estrelas, examinar a asa de um inseto e ver ali a habilidade incomparável de Deus demonstrada num instante; ou ao ficar de pé durante uma trovoada, observando o melhor que puder os relâmpagos e escutando o trovejar da voz de Jeová, você muitas vezes não se encolheu e disse: "Grande Deus, como és tremendo"? E disse isso não com medo, mas cheio de prazer, como uma criança que se regozija ao ver a riqueza, a sabedoria e o poder do seu pai, sentindo-se feliz e em casa, mas também tão pequeno![14]

Spurgeon tremia de alegria (não de medo) porque a imensidão dos céus, a complexidade dos insetos e a força do trovão procediam "da riqueza *do seu pai*, da sabedoria *do seu pai*, e do poder *do seu pai*". Ele sabia que o Criador era o seu Pai, em Cristo.

Os benefícios deste temor

Por se sentirem seguros de que o maravilhoso Criador é o terno Redentor, os cristãos podem deleitar-se com a impressionante majestade do Criador. De fato, contemplar o esplendor de Deus e alimentar a nossa admiração em temor por ele, esse é o cerne da saúde cristã. "E todos nós, com o rosto desvendado, contemplando, como por espelho, a glória do Senhor, somos transformados, de glória em glória" (2Co 3.18).

---

14. Charles H. Spurgeon, "A Fear to Be Desired", em *The Metropolitan Tabernacle Pulpit Sermons*, 63 vols. (London: Passmore & Alabaster, 1855–1917), 496.

A grandiosidade de Deus atrai o nosso foco para cima e para longe de nós mesmos. Passamos a nos maravilhar com um ser maior do que nós. Portanto, nós diminuímos. A sua magnificência nos distrai de nós mesmos e nos afasta de nossa auto-obsessão diária. Desenvolvemos um apreço por algo que não seja nós próprios. Ao mesmo tempo, os nossos pensamentos são elevados e purificados quando consideramos aquele que é maior e mais puro do que nós.

O drama aqui é que tal conhecimento de Deus, em si mesmo, é comumente tratado pelos cristãos como um luxo cerebral impraticável. Gostamos de livros que nos mostram "como fazer(…)"; gostamos de sermões que nos dão algo a praticar. Esses parecem ser mais produtivos. E isso não é errado. Mas "a vida eterna é esta: que te conheçam a ti, o único Deus verdadeiro, e a Jesus Cristo, a quem enviaste" (Jo 17.3). Em meio as nossas vidas agitadas, em meio a todos os nossos desafios e provas, é a renovada contemplação da glória de Deus que trará a correta, a maior, a mais saudável e mais feliz perspectiva sobre tudo aquilo que estamos passando.

O grande teólogo puritano, John Owen, sabia disso muito bem e por experiência própria. Owen era um homem dolorosamente familiarizado com a mágoa do coração. Na segunda metade da sua vida, ele não só foi prejudicado no ministério e incomodado pelo governo, mas também teve de testemunhar o enterro de todos os seus onze filhos, bem como da sua esposa Mary. No entanto, depois da morte das primeiras dez crianças, ele escreveu estas palavras:

> A devida contemplação da glória de Cristo irá restaurar e recompor a mente (...), [isso] elevará as mentes e os corações dos crentes acima de todos os problemas desta vida, e é o antídoto soberano que irá expulsar todo o veneno que neles se encontra, e que de outra forma poderia causar-lhes perplexidade e escravizar suas almas.[15]

A renovada contemplação da glória de Deus não só eleva e ilumina a nossa perspectiva; é, também, precisamente o que a revigora. É o que Owen prosseguiu dizendo:

> Quem dentre nós observa a decadência crescente da graça em nós, como o desalento, a frieza, a mornidão, enfim, uma espécie de estupidez espiritual e insensatez que se abate sobre nós? (...) Asseguremo-nos de que não há melhor caminho para a nossa cura e libertação; sim, não há outro caminho senão este somente, a saber, a obtenção de uma nova visão da glória de Cristo pela fé, e uma permanência constante na mesma. O único alívio neste caso é uma contínua contemplação de Cristo e sua glória; demonstrando o seu poder transformador para a renovação de toda a graça.[16]

---

15. John Owen, *The Glory of Christ*, vol. 1 of The Works of John Owen, ed. William H. Goold (repr., Edinburgh: Banner of Truth, 1965), 279 [edição em português: *A Glória de Cristo* (São Paulo: Editora PES, 2016).]

16. John Owen, The Glory of Christ, 395.

Estudos científicos recentes confirmam alguns dos benefícios da contemplação para uma vida saudável. Em 2018, o *Journal of Personality and Social Psychology* relatou uma série de estudos que procuravam mostrar como as experiências de contemplação promoviam uma maior humildade. Descobriram que "quando os indivíduos encontram uma entidade que é vasta e desafia a sua visão de mundo, sentem-se admirados, o que os leva à autodiminuição e, consequentemente, à humildade". Descobriram, também, que "a indução à admiração levou os participantes a apresentar uma visão mais equilibrada dos seus pontos fortes e fracos para com os outros (...) e a reconhecerem, em maior grau, a contribuição de forças externas em suas próprias realizações pessoais".[17]

Outro conjunto de estudos publicado em 2018, na revista *Emotion*, procurou demonstrar o impacto da contemplação no bem-estar e nos sintomas relacionados com o estresse. Os autores constataram que, para cada participante nos estudos, depois de experiências de admiração, os sintomas de transtorno de estresse pós-traumático diminuíram, e que os pontos de felicidade geral, satisfação com a vida e bem-estar social, todos melhoraram.[18] Esse estudo foi feito após um relatório da mesma revista, em 2015, o qual demonstrou que as pessoas

---

17. J.E. Stellar *et al.*, "Awe and Humility", *Journal of Personality and Social Psychology* 114, n.2 (2018): 258–69, citando 258.

18. C.L. Anderson, M. Monroy, e D. Keltner, "Awe in Nature Heals", *Revista Emotion* 18, n.8 (2018).

que se submeteram mais à contemplação também pareciam ter melhor saúde imunológica. Ao estudar o efeito das emoções em citocinas pró-inflamatórias (cujos níveis elevados têm sido associados a doenças como diabetes, doenças cardíacas e depressão), os pesquisadores descobriram que a contemplação é que está mais provavelmente ligada a níveis mais baixos dessas moléculas.[19]

A IDEIA DO SAGRADO

É possível que o estudo mais conhecido e mais influente sobre este temor do Criador é o do teólogo liberal alemão Rudolf Otto. Na sua obra de 1917, *Das Heilige* (*O Sagrado*), Otto cunhou o termo "numinoso", do latim *numen* ("espírito" ou "divindade", originalmente se referindo a um ser divino ou espiritual). Ele argumentou que o numinoso é a experiência religiosa quintessencial, que está além da nossa razão. É a experiência de algo "totalmente diferente", algo que chamou de *mysterium tremendum et fascinans*. Com isso, ele quis dizer que o numinoso é (1) misterioso e inexprimível, (2) tremendo ou inspirador de admiração, e (3) fascinante. O numinoso é belo e terrível, fascinante e assustador, atrativo e devastador – tudo ao mesmo tempo. Otto descreveu o *mysterium tremendum* desta forma:

---

19. J.E. Stellar *et al.*, "Positive Affect and Markers of Inflammation", *Revista Emotion* 15, n.2 (2015).

A sensação é a de que, por vezes, pode vir como uma maré suave, impregnando a mente com um ambiente tranquilo de adoração mais profunda. Pode depois passar a uma atitude mais definida e duradoura da alma, e prosseguir, por assim dizer, com emoções vibrantes e ressonantes, até por fim desaparecer e a alma retomar o seu lado "profano" e não-religioso da experiência quotidiana. Pode então explodir em súbita erupção das profundezas da alma, com espasmos e convulsões, ou levar a estímulos mais estranhos - ao *frenesi* inebriado, ao arrebatamento e ao êxtase. Tem suas formas selvagens e demoníacas e pode descer a um ponto de quase horror e estremecimento. Por outro lado, pode se desdobrar em algo belo, puro e glorioso. Pode tornar-se na humildade silenciosa, trêmula e atônita da criatura, na presença (de quem ou do quê?) - daquele que é um *mistério* inexprimível e que está acima de todas as criaturas.[20]

A argumentação de Otto tem exercido enorme influência no mundo de fala inglesa. C.S. Lewis, por exemplo, listou o livro *O Sagrado* entre os dez livros que mais moldaram a sua atitude profissional e filosofia de vida.[21] E não é preciso ser um estudioso da vida de Lewis para ver como Otto o moldou profundamente. Pode-se sentir o numinoso no ar de Nárnia, especialmente na presença de Aslam. Pense, por exemplo, na

---

20. Rudolph Otto, *The Idea of the Holy* (New York: Oxford University Press, 1958), 12–13 [edição em português: *O Sagrado* (São Leopoldo: Ed. Sinodal, 2014)].

21. C.S. Lewis, "Ex Libris", em *The Christian Century 79* (June 6, 1962): 719.

primeira vez que o Sr. Castor menciona o nome de Aslan, no livro *O Leão, a Feiticeira e o Guarda-roupa*:

> Dizem que Aslam está a caminho; talvez até já tenha chegado. E aí aconteceu uma coisa muito engraçada. As crianças ainda não tinham ouvido falar de Aslam, mas no momento em que o castor pronunciou esse nome, todos se sentiram diferentes. Talvez isso já tenha acontecido a você em sonho, quando alguém lhe diz qualquer coisa que você não entende mas que, no sonho, parece ter um profundo significado – o qual pode transformar o sonho em pesadelo ou em algo maravilhoso, tão maravilhoso que você gostaria de sonhar sempre o mesmo sonho. Foi o que aconteceu. Ao ouvirem o nome de Aslam, os meninos sentiram que dentro deles algo vibrava intensamente. Para Edmundo, foi uma sensação de horror e mistério. Pedro sentiu-se de repente cheio de coragem. Para Susana foi como se um aroma delicioso ou uma linda ária musical pairasse no ar. Lúcia sentiu-se como quem acorda na primeira manhã de férias ou no princípio da primavera.[22]

Kenneth Grahame captou a mesma experiência em ficção, para as crianças compreenderem, no livro *O Vento no Salgueiro*. Lá, sr. Rato e Toupeira tentarão encontrar "o flautista às portas

---

22. C.S. Lewis, *The Lion, the Witch and the Wardrobe* (London: Geoffrey Bles, 1950), 65 [edição em português: *O Leão, a Feiticeira e o Guarda-Roupa* (São Paulo: Editora Martins Fontes, 2002)].

do amanhecer" (o deus Pan, divindade pagã da natureza e dos bosques). O que eles conseguem é uma experiência verdadeiramente epifânica, numinosa.

> Então, de repente, Toupeira sentiu um grande espanto, um espanto que tornou os seus músculos em água, curvou a sua cabeça e enraizou os seus pés no solo. Não foi um terror de pânico - na verdade, ele se sentiu maravilhosamente em paz e feliz - mas foi um espanto que o feriu e o segurou e, sem ver, ele sabia que isso só poderia significar que alguma presença augusta estava muito, muito próxima. Com dificuldade, virou-se à procura de seu amigo e viu-o ao seu lado acovardado, ferido e tremendo violentamente. Havia ainda um silêncio total nos inúmeros pássaros imóveis que os rodeavam; e a luz começou a aumentar mais e mais. Talvez ele não se atreveria a levantar os olhos, mas então, embora não se ouvisse qualquer pipilar dos pássaros, havia um chamado e uma convocação que parecia ainda dominante e imperiosa. Ele não poderia recusar, mesmo que fosse a própria morte à sua espera, para atingi-lo instantaneamente, depois de olhar com seus olhos mortais para coisas mantidas devidamente ocultas. Tremendo, ele obedeceu, e ergueu a sua humilde cabeça; e depois, naquela claridade total do amanhecer iminente, enquanto a natureza, banhada da plenitude de cores incríveis e parecendo reter a sua respiração para o evento a seguir, ele olhou nos olhos do seu Amigo e Auxílio ... e ainda assim, depois de ter olhado, viveu. E, mais ainda, como sobreviveu, admirou-se.

"Rato!" - ele encontrou fôlego para sussurrar, enquanto tremia. "Você está com medo?"

"Com medo?" murmurou o Rato, com os olhos brilhando com indizível amor. "Medo! Dele? Ó, nunca, nunca! Mas, ainda ... ainda assim, ó Toupeira, sinto medo!"

Então os dois animais, agachados à terra, curvaram as suas cabeças e adoraram.[23]

Lewis e Grahame conseguiram capturar muito bem algo sobre o medo do Criador. Como já vimos, o Criador é o definitivo *mysterium tremendum et fascinans*. Ele é indizivelmente tremendo e fascinante. É um fogo majestoso e consumidor, cujo esplendor causa pavor nos pecadores e deleite nos santos. No entanto, precisamos ter cuidado com o argumento de Otto e não imaginar que ele consegue captar um retrato bíblico completo e perfeito sobre o correto temor de Deus.

Otto foi profundamente influenciado e teve o seu pensamento moldado, em nível mais profundo, pelo homem conhecido como o pai da teologia liberal moderna, Friedrich Schleiermacher (1768-1834). Schleiermacher asseverava que todas as religiões são simplesmente expressões diferentes de um mesmo instinto ou sentimento religioso universal. Algumas religiões (como o Cristianismo) são simplesmente mais evoluídas do que

---

23. *Kenneth Grahame, The Wind in the Willows* (London: Methuen & Co., 1908), 133-36. [edição em português: *O Vento no Salgueiro* (São Paulo: Editora Happy Books, 2020).

as outras, ensinou ele. Otto estava preparado para ser crítico de Schleiermacher em alguns aspectos; mas, neste ponto, ele simplesmente respeitou a linha divisória, ensinando que o cristianismo é superior a outras religiões não "como a verdade é superior à falsidade, mas como Platão é superior a Aristóteles".[24] Dessa forma, quando Otto veio a descrever o numinoso, *ele nunca fingiu que estava tentando descrever uma ideia especificamente cristã* (tal como quando lemos sobre o encontro de Rato e Toupeira com Pan - não fica claro se Grahame está descrevendo uma experiência pagã ou cristã). Era algo que Otto viu em muitas religiões, do paganismo primitivo ao budismo moderno. Em outras palavras, quando Otto descreveu algo relativo ao conhecimento do Criador, ele *não* estava descrevendo o conhecimento de Deus Redentor em Cristo. A sua descrição do *mysterium tremendum*, então, não nos fala desse temor exclusivo e especificamente cristão: o temor de Deus, o Redentor em Cristo.

Dado o brilhantismo, a sabedoria genuína e a ampla influência de *O Sagrado*, seria fácil tomar a descrição de Otto do *mysterium tremendum* como um mapa completo para o que a Escritura chama de "o temor de Deus". Mas nunca houve essa intenção. E três problemas principais surgem, se assim o fizermos.

Primeiro: Otto concentra-se quase exclusivamente na nossa relação com Deus como uma relação criatura-Criador.

---

24. Rudolf Otto, *Religious Essays: A Supplement to The Idea of the Holy*, trad. Brian Lunn (London: Oxford University Press, 1931), 114.

O numinoso, argumenta ele, está associado principalmente ao "sentimento de criatura" e, em segundo lugar, ao poder devastador. Ele não tem, portanto, uma forte concepção de redenção ou do *caráter* gracioso do Criador, que controla esse poder. Para dizer sem rodeios, o "totalmente outro" descrito por Otto está muito em falta com uma personalidade amável. Para sermos justos com Otto, ele descreve o numinoso como fascinante, e entende sobre o desejo e anseio envolvido no correto temor; mas, é incapaz de esclarecer bem essas coisas. Para ver sua deficiência mais adequadamente, contraste-a com uma concepção de Deus que é altamente consciente de Deus como gracioso Redentor, como Jonathan Edwards descreve Deus em sua santidade:

> Deus está vestido com esplendor infinito, um brilho que não produz a dor, como a luz do sol fere os olhos que o contemplam; antes o contrário, enche-os de excessiva alegria e deleite. De fato, nenhum homem consegue ver a Deus e viver, porque a visão de tal glória subjugaria a natureza (...) visto que a alegria e o prazer de contemplá-lo seria demasiadamente forte para uma natureza tão frágil.[25]

De acordo com Edwards, Deus é deslumbrante na sua santidade e extraordinariamente fascinante - mas não simplesmente

---

25. Jonathan Edwards, "That God Is the Father of Lights", em *The Blessing of God: Previously Unpublished Sermons of Jonathan Edwards*, ed. M. McMullen (Nashville: Broadman & Holman, 2003), 346.

por causa do seu poder devastador. Conhecer o Criador, todo-poderoso, como um Redentor glorioso, permite a Edwards ver com mais profundidade do que Otto a natureza da santidade de Deus. Edwards entende que, além de onipotente, Deus é deslumbrante na *superfluência e superabundância do seu próprio ser e de sua bem-aventurança*.

Segundo: tudo isto significa que a compreensão de Otto sobre o temor de Deus está essencialmente limitado ao medo do Criador. Otto mostra poucos indícios de compreender, com seriedade, que possa haver um temor mais elevado do que esse da criatura para com o seu Criador. Quando, por exemplo, ele descreve o temor dos patriarcas, ele concebe-o apenas como a consciência que eles têm de sua condição de criatura na presença da divindade. Ele descreve "a emoção da criatura, subjugada e devastada por sua própria nulidade, em contraste com aquele que é supremo entre todas as criaturas".[26] Mas, como vimos, esta não é a conclusão retirada do texto de Gênesis. O contexto do temor de Jacó, em Betel, é a lista das bênçãos do Senhor que o deixa maravilhado por sua bondade. Os limites da perspectiva teológica de Otto reduziram a sua compreensão do temor de Deus: significaria apenas um pouco mais do que admiração pela transcendência e singularidade de Deus. Essa miopia tem consequências graves. Otto argumentou, por exemplo, que "a sensação de se retrair, de ser

---

26. Rudolph Otto, *The Idea of the Holy* (New York: Oxford University Press, 1958), 10 [edição em português: *O Sagrado* (São Leopoldo: Ed. Sinodal, 2014)].

apenas 'pó e cinzas', e nada mais (...) é que forma a matéria prima 'numinosa', para o sentimento de humildade religiosa".[27] Tal como acontece com tantas outras coisas que Otto diz, nisto há uma verdade: o sentimento de nossa nulidade, perante a imensidão de Deus, *deve* humilhar-nos. No entanto, essa não é a *única* faceta da santidade de Deus que nos humilha. Mais do que a imensidão de Deus, a humildade e a graça do Redentor – vistas definitivamente na cruz – produzem humildade mais profunda e mais ávida nos crentes.

Terceiro: a ideia de Otto sobre o *misterium tremendum*, *deixada por sua própria conta*, também desmorona facilmente, transformando-se simplesmente em ter medo de Deus. É irônico que Otto fosse um luterano, pois isso foi algo que Martinho Lutero previu, quando escreveu: "Éramos totalmente incapazes de chegar a um reconhecimento do favor e graça do Pai, exceto através do Senhor Cristo, que é a imagem espelhada do coração do Pai. Sem Cristo, nada vemos em Deus, além de um juiz irado e terrível."[28] Sem que tenha chegado ao seu conhecimento o *misterium tremendum* através de Cristo, Otto fica com um Deus que é apenas outro ou contra nós. Assim, para ele, a causa primária e predominante que nos induz ao deslumbramento deve ser a transcendência e a ira de Deus. De fato, escreveu Otto, "ὀργή [*orgē*, a ira de Deus] é nada mais

---

27. Rudolph Otto, *The Idea of the Holy* 20.
28. Martinho Lutero, Large Catechism (St. Louis, MO: Concordia, 1978), 77. [edição em portugués: Catecismo Maior (São Leopoldo: Editora Sinodal, 2012).

do que o próprio *tremendum*".[29] Sobre isto, precisamos ouvir a visão sábia do Professor John Murray:

> O temor de Deus, que é a alma da piedade, não consiste, contudo, no pavor que é produzido pelo medo da ira de Deus. Então, quando a razão de tal pavor existe, não ter esse medo é sinal de uma impiedade endurecida. Mas o temor de Deus que é a base da piedade, e no qual pode ser dito que a piedade consiste, é muito mais abrangente e determinante do que o medo do julgamento de Deus. E devemos nos lembrar de que o pavor do julgamento nunca, por si só, gerará dentro de nós o amor de Deus ou ódio ao pecado que nos torna sujeitos a sua ira. Mesmo a imposição da ira não criará o ódio ao pecado; antes, incitará maior amor pelo pecado e inimizade contra Deus. O castigo não tem em si o poder de regeneração ou de conversão. O temor de Deus, em que consiste a piedade, é o temor que compele a adoração e o amor.[30]

Deuses diferentes, temores diferentes

Parte do problema com o relato de Otto é que ele estava apenas à procura de experiências *comuns* ou *partilhadas* do numinoso em diferentes religiões. O que define o numinoso, afinal de

---

29. Rudolph Otto, *The Idea of the Holy*, 18

30. John Murray, *Principles of Conduct: Aspects of Biblical Ethics* (London: Tyndale, 1957), 236. [edição em português: Princípios de Conduta – Aspectos da Ética Cristã (DF: Editora Monergismo, 2020).

contas, é simplesmente uma experiência de uma realidade espiritual em vez de uma realidade física. Por definição, é uma experiência de algo "singular", mas não há qualquer outra definição além dessa. No entanto, embora existam claramente experiências numinosas comuns entre diferentes religiões, existem também diferenças importantes.

O medo primeiramente formou os deuses no mundo, diziam os antigos romanos. Mas cada um dos diferentes deuses provocou, então, um tipo diferente de medo, pois a natureza e o carácter de cada deus moldaram a natureza e o carácter do medo provocado. No paganismo greco-romano, os deuses eram temidos apenas de um modo vago. Eles simplesmente não tinham suficiente magnificência para comandarem mais. É fato que se dizia que Zeus tinha uma beleza e uma luminosidade que quase doía de contemplar. Mas, geralmente, eles eram mais bajulados do que temidos - e se fossem temidos, seria por seu capricho inconstante e por sua índole vingativa, por motivos frívolos. No hinduísmo, a deusa da destruição, Kali, que porta uma cabeça cortada, é temida de uma forma muito diferente do que o benigno Krishna. E no Islam, *taqwa* (o medo de Alá) é um conceito que, antes de tudo, implica na obediência externa e na prática da fidelidade, não em um estado de tremor interno do coração. Depois disso, *taqwa* passa a incluir um estado emocional mais interno: o medo do castigo de Alá. Em cada um desses casos, a natureza do deus em questão modela a resposta apropriada ao medo.

Dadas estas diferenças, os cristãos precisam ir além do fato de que o Deus vivo é o Criador, para saber que tipo de ser ele é em si mesmo. Conhecer a Deus, o Redentor em Cristo, tornará o temor cristão um tanto distinto do temor demonstrado pelos devotos de outros deuses. É o que precisamos, se quisermos que o nosso temor seja, específica e alegremente, *um temor cristão.*

V
Deslumbrados pelo Pai

O QUE DEUS ESTAVA FAZENDO antes da criação? Essa foi uma questão no centro de um debate caloroso durante o 4º século A.D. Queria-se saber como Deus era em si mesmo, na privacidade da eternidade, antes que ele governasse a criação ou tivesse qualquer relacionamento com suas criaturas. Tudo começou no Egito, quando um ancião alexandrino, chamado Ário, começou a ensinar que o Filho era um ser criado e não o verdadeiro Deus. Ário ensinou isso porque acreditava que Deus é a origem e a causa de tudo, mas não é causado por nada mais. Portanto, ele sustentava que Deus é "não causado" ou "não originado" - a melhor e mais básica definição de como Deus é. Ele argumentou que o Filho, sendo um filho, deve ter recebido seu ser do Pai, e que não poderia, por definição, ser Deus.

O Pai revelado no Filho

Por acreditar que Ário havia começado no lugar errado com sua definição básica sobre Deus, o jovem contemporâneo de Ário,

Atanásio, respondeu com uma afirmação tão importante que ecoaria através dos séculos: "É mais piedoso e mais preciso definir o Pai a partir do Filho e chamá-lo de Pai, do que nomeá-lo apenas por suas obras e chamá-lo de 'não originado'".[1] Em outras palavras, a maneira certa de pensar sobre Deus não é pensar nele principalmente como Criador (nomeando-o "somente pelas suas obras"); pois, se a identidade essencial de Deus é ser o Criador, o governante, então ele precisa de uma criação para governar, a fim de ser quem ele é. Mas Deus existe por toda a eternidade, antes de criar; ele existe com total autossuficiência e não depende de nada para ser quem ele é. Ele não é um Deus que precisa de alguma coisa (At 17.25). Ele tem vida em si mesmo (Jo 5.26). Ele é Deus *per se* (em si mesmo). E sendo esse o caso, argumentou Atanásio, não podemos chegar a um verdadeiro conhecimento de quem Deus é em si mesmo simplesmente olhando para ele como Criador. Devemos ouvir como ele se revelou - e ele se revelou em seu Filho, tornando essa revelação conhecida em toda a Escritura. Nossa definição mais básica de quem é Deus flui do Filho que o revela. E quando começamos com o Filho e sua palavra, descobrimos que a primeira (embora não única) coisa a dizer sobre Deus é, como o Credo Niceno começa: "Cremos em um só Deus, o Pai." Por meio do Filho, vemos por trás da criação a identidade eterna e essencial de Deus. É como se, por meio de Cristo, entrássemos pela porta da frente da casa de Deus, para vermos quem ele é, por trás daquilo que ele faz.

---

1. Athanasius, "Against the Arians", 1.34, em *A Select Library of Nicene and Post-Nicene Fathers of the Christian Church*, ser.2, ed. Philip Schaff and Henry Wace, vol.14 (1886–1889; repr. Peabody, MA: Hendrickson, 1994), 4:326.

As mesmas preocupações ressurgiram na Reforma. Os reformadores viram como é possível falar de Deus "somente por meio de suas obras", sem nos referirmos à sua autorrevelação. Eles aplicaram, portanto, o princípio da *Sola Scriptura* à doutrina de Deus, argumentando que Deus é verdadeiramente conhecido não através do esforço próprio de mentes humanas decaídas, mas através da pregação de Cristo no evangelho. Assim, escreveu Filipe Melâncton: "Buscamos um Deus que se revelou." E como? Ele afirmou:

> Cristo nos leva ao Deus revelado desta forma. Quando Filipe implorou que o Pai fosse mostrado a eles, em João 14. 8-9, o Senhor o repreendeu francamente e disse: "Aquele que vê a mim, vê o Pai." Ele não queria que Deus fosse buscado por especulações vãs e incertas, mas deseja que nossos olhos se fixem no Filho que se manifestou a nós, para que nossas orações sejam dirigidas ao Pai eterno, que se revelou no Filho a quem ele enviou.[2]

A revelação mais profunda da glória e da natureza de Deus é encontrada em sua identidade como Redentor. Considere, por exemplo, como Isaías fala do "Santo de Israel". O Santo, elevado e sublime, incomparável em seu poder e pureza, é "o Deus de toda a terra" (Is 54.5). Ele é o Criador que "lançou os alicerces da terra" (Is 48.13). Ele criou o homem (Is 41.4; 43.1; 54.5) e comanda a natureza (Is 41.1819; 43.20; 49.11). No entanto,

---

2. Philipp Melanchthon, *Loci Communes* (1543), trad. J.A.O. Preus (St. Louis, MO: Concordia, 1992), 18.

em cada uma dessas passagens, Isaías fala do Santo como o "Redentor" (Is 41.14; 43.14; 47.4; 48.17; 49.7).

> Porque o teu Criador é o teu marido; o Senhor dos Exércitos é o seu nome; e o Santo de Israel é o teu Redentor (...). (Is 54.5)

De fato, exclama Isaías:

> (...) tu, ó Senhor, és nosso Pai; nosso Redentor é o teu nome desde a antiguidade. (Is 63.16)

Portanto, a realidade mais profunda do que significa para ele ser "elevado e sublime" (Is 6.1) é revelada apenas quando o servo sofredor é "exaltado e elevado" (Is 52.13). De modo mais supremo, foi naquele momento que "a glória do Senhor" foi manifestada (Is 40.5). O próprio Jesus falou da cruz como "a hora" de sua glorificação, quando ele seria "levantado da terra" (Jo 12.23-32). João Calvino concluiu: "Em todas as criaturas, na verdade, tanto elevadas como pequenas, brilha a glória de Deus; mas, em nenhum lugar brilhou mais intensamente do que na cruz."[3]

Com isso em mente, Calvino dividiu nosso conhecimento de Deus em duas etapas, ou níveis: o conhecimento de Deus, o Criador (*Institutas*, livro 1), e o conhecimento de Deus, o

---

3. João Calvino, *Commentary on the Gospel according to John*, vol. 2, in Calvin's Commentaries, trad. William Pringle (Grand Rapids, MI: Baker, 1989), at John 13:31. [edição em português: *Comentário no Evangelho de João* (São José dos Campos: Editora Fiel, 2018)].

Redentor em Cristo (*Institutas*, livro 2). Mas, para ser claro, Calvino não achava aceitável, ou possível, que os cristãos parassem apenas no conhecimento de Deus, o Criador. Aqueles que pensam em Deus *unicamente* como Criador estão "perdidos e amaldiçoados", argumentou ele.

> Até que os homens reconheçam que devem tudo a Deus, que são nutridos por seu cuidado paternal, que ele é o Autor de todo o bem que possuem, que nada deveriam buscar além dele – jamais oferecerão a ele um serviço voluntário.[4]

De fato, este é precisamente o nosso problema como pecadores em um mundo decaído: que neste estado de "ruína do ser humano, ninguém experimenta Deus nem como Pai nem como Autor da salvação, ou de qualquer outra forma favorável, até que Cristo, o Mediador, venha para reconciliá-lo conosco".[5] Calvino queria que os cristãos pensassem no todo-poderoso Criador como seu Pai. Na verdade, não entendemos verdadeiramente a obra de Deus como Criador nem a sua providência (e assim não obtemos conforto) a menos que entendamos que se trata de um trabalho feito pelo Pai. Calvino afirmava que "segundo a própria ordem das coisas [na criação], nós devemos contemplar diligentemente o amor do Pai".[6] Ele escreveu: "Para concluir, de uma vez por

---

4. João Calvino, Institutes of the Christian Religion, ed. John T. McNeill, trans. Ford Lewis Battles(Louisville: Westminster John Knox, 2011), 1.2.1.

5. João Calvino, Institutes, 1.2.1.

6. João Calvino, Institutas da Religião Cristã (São José dos Campos: Editora Fiel, 2017).

todas, sempre que chamarmos a Deus de Criador do céu e da terra, tenhamos ao mesmo tempo em mente que (...) somos, de fato, seus filhos, a quem ele recebeu em sua proteção fiel para nutrir e instruir."[7]

Além disso, Calvino queria fazer com que seus leitores soubessem que o Filho nos "retornou" a Deus, nosso "Autor e Criador, de quem fomos alienados, a fim de que ele comece novamente a ser nosso Pai".[8] Pois, sem esse conhecimento do Filho como nosso Redentor e do Pai como *nosso* Pai em Cristo, simplesmente não conhecemos a Deus de maneira adequada. E, continua Calvino, a obra do Espírito é precisamente nos dar tal conhecimento. Ele argumentou que o primeiro título do Espírito é:

> (...) o "espírito de adoção", porque ele é a testemunha para nós da benevolência gratuita de Deus, com a qual Deus Pai nos abraçou em seu amado Filho unigênito, para se tornar um Pai para nós; e ele nos encoraja a termos confiança na oração. Na verdade, ele nos fornece as palavras adequadas, para que possamos clamar sem receio: "Aba, Pai!" (Rm 8.15; Gl 4.6).[9]

TEMOR FILIAL

"O temor do Senhor é o princípio da sabedoria" (Pv 1.7), e esse conhecimento mais profundo de Deus, por meio de Cristo,

---

7. João Calvino, Institutes, 1.14.22.

8. João Calvino, Institutes, 2.6.1.

9. João Calvino, Institutes, 3.1.3

deve levar a um temor mais profundo, rico *e doce*. Isso nos leva de conhecer a Deus como o Criador a conhecê-lo como nosso Redentor e nosso Pai. Não é que jamais deixaremos de conhecê-lo como o Criador transcendente; antes, o conhecimento de que ele é nosso Pai torna sua grandiosidade criativa ainda mais maravilhosa para nós. Ao abrir nossos olhos para conhecermos a Deus corretamente, o Espírito faz nosso coração temê-lo corretamente - com um temor amoroso e *filial*.

George Offor, que escreveu um prefácio para o *Tratado sobre o temor de Deus*, de John Bunyan, descreveu a "grande linha de distinção" de Bunyan, que define o temor cristão correto a Deus:

> A grande linha de distinção traçada por Bunyan é entre o pavor e medo de Deus, como aquele que é infinitamente Santo, diante de quem todo pecado deve receber a intensidade da punição; e o amor de Deus, como o Pai de misericórdia e fonte da bem-aventurança, através do dom de seu Filho, e o senso de adoção em sua família; por tais motivos a alma teme ofendê-lo. Esse temor deriva inteiramente do evangelho; pois, se a menor dependência é colocada em quaisquer supostas boas obras de nossa parte, o temor filial a Deus é tragado pelo medo e pavor.[10]

---

10. George Offor, "Advertisement by the Editor", em John Bunyan, "A Treatise on the Fear of God", em *The Works of John Bunyan*, ed. George Offer, 3 vols. (Glasgow: W. G. Blackie & Son, 1854; repr., Edinburgh: Banner of Truth, 1991), 1:437 [edição em português: *Temor a Deus* (São Paulo: Editora PES, 2019)].

Esse é o temor "evangélico" apropriado para os cristãos, que são trazidos pelo Filho não meramente para serem criaturas aceitas diante do grande Juiz mas, também, para serem filhos amados, adotados e adoradores do Pai celestial.

Martinho Lutero sabia bem o quanto a redenção de Cristo e a paternidade de Deus mudam a forma como tememos a Deus. Desde os primórdios, Lutero temia a Deus, movido pelo pavor, mas desprovido de amor. Como monge, sua mente estava repleta do conhecimento de que Deus é justo e odeia o pecado; mas Lutero não conseguia entender com mais profundidade quem é Deus, o que é a sua justiça e por que ele odeia o pecado. Como resultado, ele disse: "Eu não amava e, sim, eu odiava o Deus justo que pune os pecadores, e, secretamente, se não em atitude de blasfêmia, mas certamente em grande murmuração, eu estava com raiva de Deus."[11] Não conhecendo Deus como um Pai bondoso e compassivo, um Deus que nos aproxima, Lutero descobriu que não poderia amá-lo. Ele e seus companheiros monges transferiram suas afeições para Maria e a vários outros santos, a quem eles amavam e a quem oravam.

Isso mudou quando Lutero começou a ver que Deus é um Deus paternal que compartilha, que nos dá sua justiça e divide conosco sua bem-aventurança. Mais tarde, recordando sua vida, Lutero refletiu que, como monge, ele não tinha

---

11. Martinho Lutero, *Luther's Works*, vol.34, Career of the Reformer IV, ed. Jaroslav Jan Pelikan, Hilton C. Oswald, and Helmut T. Lehmann (St. Louis, MO: Concordia, 1999), 336–37.

realmente adorado a Deus corretamente; pois "não é o suficiente", disse ele, conhecer a Deus como o Criador e Juiz. Somente quando Deus é conhecido como um Pai amoroso, ele é conhecido corretamente.

> Pois, embora o mundo inteiro procure com muito cuidado entender a natureza, a mente e a atividade de Deus, não tem encontrado sucesso nisso. Mas, o próprio Deus revelou e mostrou o mais profundo de seu coração paternal, seu amor puro e inexprimível.[12]

Nosso problema natural como pecadores, Lutero explicou, é que "éramos totalmente incapazes de chegar a um reconhecimento do favor e da graça do Pai, exceto por meio do Senhor Jesus Cristo, que é a imagem espelhada do coração do Pai. Sem Cristo, nada vemos em Deus a não ser um Juiz irado e terrível".[13]

Ao enviar seu Filho para nos trazer de volta a si mesmo, Deus revelou-se inexprimivelmente amoroso e supremamente paternal. Lutero entendeu que isso não apenas dá grande segurança e alegria mas, também, conquista nossos corações para ele, pois "podemos olhar para seu coração paternal e sentir o quanto ele nos ama sem limites; isso nos aquece os corações,

---

12. Martinho Lutero, Large Catechism (St. Louis, MO: Concordia, 1978), 77.
13. Martinho Lutero, Large Catechism, 77.

deixando-os ardentes de gratidão".[14] Na salvação desse Deus, vemos um Deus que podemos amar de todo o coração. Através de sua redenção, nosso temor se transforma de tremor e horror escravizante a um temor e tremor maravilhosamente filial.

Vale a pena mencionar Lutero quando tratamos sobre o temor filial; pois, se queremos desfrutar desse temor, precisamos de uma compreensão robusta sobre a justificação pela fé somente. Por ser a distinção entre temor servil e temor filial algo antigo e considerável, as pessoas dizem coisas bastante diferentes sobre eles. Um exemplo é Tomás de Aquino, o bastião do entendimento católico-romano sobre a justificação como um processo de crescimento em retidão, e não como um ato decisivo de Deus pelo qual o pecador é declarado justo por sua posição em Cristo. Em sua *Summa Theologiae*, Aquino fez uma distinção entre os tipos de temor e os definiu da seguinte forma: "Há dois tipos de temor a Deus: a) o temor *filial*, pelo qual se teme ofender a Deus ou estar separado dele, e (b) o temor *servil*, pelo qual se teme a punição."[15]

De acordo com Aquino, então, o temor filial inclui o medo de perder nossa salvação e estarmos separados de Deus por nossos pecados. Mas isso não é como os reformadores entendiam. Acabamos de ver como George Offor se expressou, em

---

14. Martinho Lutero, Large Catechism, 70..

15. Tomás de Aquino, *Summa Theologiae*, II-II.19.10, in New English Translation of St. Thomas Aquinas's "Summa Theologiae," trad. Alfred J. Freddoso, accessed March 4, 2020, https://www3.nd.edu/~afreddos/summa -translation /TOC-part2 -2.htm [edição em português: Suma Teológica (São Paulo: Ediçóees Loyola, 2001).

sua síntese sobre Bunyan: "Se a menor dependência é colocada sobre qualquer suposta boa obra nossa, o temor filial de Deus é tragado pelo pavor e pelo terror."[16] Tampouco o temor filial de Aquino é o temor que o próprio Redentor falava. Jesus disse: "A vontade de meu Pai é que todo homem que vir o Filho e nele crer tenha a vida eterna; e eu o ressuscitarei no último dia" (Jo 6.40; ver também 10.28-29). O temor que é "essencialmente evangélico" repousa de forma contínua e total na suficiente redenção de Cristo, não em nossas próprias obras. Esse temor não indaga se nossos pecados são mais pesados que a justiça de Cristo, ou se a justiça de Cristo precisa ser reforçada por nossos próprios esforços. Portanto, ele permanece constante; não em pavor, mas em contemplação dependente. Na verdade, seu deslumbramento aumenta somente com a perfeição da redenção de Cristo e com a infinitude de sua graça a grandes pecadores como nós.

O temor do próprio Cristo

Para entendermos corretamente o temor filial dos crentes, é preciso deixar claro que compartilhamos do temor filial do próprio Cristo. O Evangelho de Lucas nos diz que conforme o menino Jesus se desenvolvia, ele "crescia em sabedoria e em estatura" (2.52). Contudo, o temor do Senhor é o princípio da

---

16. George Offor, "Advertisement by the Editor", em John Bunyan, "A Treatise on the Fear of God", em *The Works of John Bunyan*, ed. George Offer, 3 vols. (Glasgow: W. G. Blackie & Son, 1854; repr., Edinburgh: Banner of Truth, 1991), 437 [edição em português: *Temor a Deus* (São Paulo: Editora PES, 2019)].

sabedoria (Pv 9.10). Jesus não poderia ter crescido em sabedoria sem o temor do Senhor. E ele é o Cristo ungido pelo Espírito, que Isaías profetizou que sairia da raiz de Jessé:

> Repousará sobre ele o Espírito do Senhor, o Espírito de sabedoria e de entendimento, o Espírito de conselho e de fortaleza, o Espírito de conhecimento e de temor do Senhor. Deleitar-se-á no temor do Senhor (...). (Is 11.1-3)

O grande propósito do Deus Redentor na salvação era que o Filho fosse "o primogênito entre muitos irmãos" (Rm 8.29); que o Filho compartilhasse sua filiação, trazendo-nos com ele perante aquele que agora podemos desfrutar como nosso Pai. Isto significa que os crentes compartilham não apenas a própria posição do Filho perante o Pai mas, também, compartilham o próprio deleite filial do Filho, no temor do Senhor. Charles Spurgeon se referiu a este temor filial como:

> *o temor à sua paternidade, que nos leva a reverenciá-lo.* Reconhecemos que, quando a graça divina nos deu o novo nascimento, entramos em um novo relacionamento com Deus; a saber, que nos tornamos seus filhos e filhas. Então, compreendemos que nos foi dado "o Espírito de adoção, pelo qual clamamos, Abba, Pai". No entanto, não podemos verdadeiramente clamar a Deus, "Abba, Pai", sem que ao mesmo tempo entendamos o sentido de: "Vede que grande amor nos tem concedido o Pai, a ponto de sermos chamados filhos de Deus". Quando

reconhecemos que somos "herdeiros de Deus, e coerdeiros com Cristo", filhos do Altíssimo, adotados na família do Eterno, visto que o senso da filiação opera dentro de nós, sentimos imediatamente que tanto amamos quanto tememos nosso grande Pai que está nos céus, o qual nos amou com amor eterno e que "nos regenerou para uma viva esperança, mediante a ressurreição de Jesus Cristo dentre os mortos, para uma herança incorruptível, sem mácula e imarcescível".

Spurgeon continuou:

Neste temor de filho não há um átomo do tipo de temor que signifique ter medo. Nós, que cremos em Jesus, não temos medo de nosso Pai; Deus permita que nunca tenhamos medo. Quanto mais perto dele estamos, mais felizes nós somos. Nosso maior desejo é estar para sempre com ele e nos lançarmos nele; e, mais ainda, oramos para que não o ofendamos, rogamos que ele nos impeça de nos afastarmos dele, pedimos sua terna misericórdia para com nossas fraquezas e suplicamos que nos perdoe e nos trate com benevolência, por amor de seu Filho amado. Como filhos queridos, ficamos maravilhados e sentimos uma reverência santa, ao compreendermos nosso relacionamento com aquele que é nosso Pai que está nos céus – um Pai tão querido, amoroso e misericordioso - o nosso Pai Celestial, que é "sobremodo tremendo na assembleia dos santos e temível sobre todos os que o rodeiam". [17]

---

17. Charles H. Spurgeon, "A Fear to Be Desired", em *The Metropolitan Tabernacle Pulpit Sermons*, 63 vols. (London: Passmore & Alabaster, 1855–1917), 48:497–98.

Esse temor filial faz parte da adoração prazerosa do Filho ao Pai. Na verdade, é o que há de mais extremamente emocional nesse fato maravilhoso. Não há o pavor de pecadores diante de um Juiz santo. Não há o espanto de criaturas diante de seu tremendo Criador. O que há é uma devoção deslumbrante dos filhos, maravilhados com a doçura, a retidão, a glória e a completa magnificência do Pai.

É por isso que ter esse temor não é *de modo algum* a mesma coisa que ter medo de Deus. E é por isso que não ajudou que Aquino descrevesse o temor filial como o temor "pelo qual se teme ofender a Deus ou de ser separado dele". Assim como o Filho não tinha necessidade de temer ser separado da presença graciosa do Pai (exceto quando ele foi pendurado *em nosso lugar* na cruz), também os filhos adotivos de Deus não precisam temer nesse sentido. Se há nos crentes algum medo de separação de Deus, não é o medo de uma separação definitiva; e, sim, o medo de que nossos pecados nos separem do calor da comunhão que desfrutamos com Deus. De maneira mais positiva, é o temor que nos inspira a apreciar o caráter de Deus e, assim, a odiarmos o pecado e desejarmos ser mais parecidos com Cristo. Ouça Spurgeon novamente:

> É muito errado que uma criança meramente se contenha na presença de seu pai, por respeito a ele, mas depois quebre os limites de forma desenfreada, na ausência dele. Receio que muitos façam isso. Mas você e eu não precisamos cair neste perigo, porque estamos sempre na presença de nosso Pai celestial, em

todo lugar. Quem entre nós, que teme a Deus como ele deve ser temido, desejaria fazer qualquer coisa que errada e ofensiva a ele? (...) O senso da presença de Deus, uma consciência que impele a dize "tu me vês, ó Deus", fomenta na alma um temor saudável, facilmente observado, que inspira o homem em vez de intimidá-lo. É um temor filial, de fato próprio dos filhos, na presença de alguém que profundamente reverenciamos e que procuramos nada fazer que seja contrário à sua mente e vontade. Assim, então, há um temor que brota de uma alta apreciação do caráter de Deus, e um temor do mesmo tipo, que brota do senso de sua presença (...). O temor que é santo nos leva a nos recear de qualquer coisa que possa causar o descontentamento de nosso Pai.[18]

Em outras palavras, o temor filial, que o Filho partilha conosco, é bem diferente do medo de Deus e do pavor do castigo que sente o pecador. É uma adoração a Deus que teme o pecado em si, e não apenas sua punição, pois valoriza a Deus e odeia tudo o que é impiedade. Como Calvino disse, a "mente piedosa refreia a si mesma de pecar, não apenas por medo da punição, mas porque ama e reverencia a Deus como Pai e o adora como Senhor. Mesmo que não houvesse inferno, ainda assim tremeria por ofendê-lo".[19]

---

18. Charles H. Spurgeon, "Godly Fear and Its Goodly Consequence", em *The Metropolitan Tabernacle Pulpit Sermons*, 63 vols. (London: Passmore & Alabaster, 1855–1917), 22:232–33.

19. João Calvino, Institutes, 1.2.2.

Por que é importante

Ter um conhecimento correto de Deus está intrinsicamente ligado a ter o temor correto de Deus. Aqueles que não conhecem a Deus como o Redentor misericordioso e Pai compassivo nunca poderão ter o deleite de um verdadeiro temor filial. Na melhor das hipóteses, eles só podem sentir tremor por sua espantosa transcendência como Criador. E no pior dos sentidos, eles só podem tremer com o pensamento de que há um Juiz justo no céu, e odiá-lo em seus corações.

Em contraste, aqueles que entendem que a santidade de Deus não implica apenas a sua separação de nós pecadores, devido a sua justiça, ou a sua separação de nós suas criaturas, como Criador, mas também compreendem sua absoluta incomparabilidade em graça, misericórdia e bondade – esses compreendem a plenitude da beleza da santidade. Esses contemplam a glória absoluta, e a contemplam verdadeiramente. Eles compreendem de forma infinitamente mais profunda o que significa Deus ser justo e o justificador dos que creem; como disse Jonathan Edwards – a santidade de Deus verdadeiramente "consiste em seu amor".[20] Eles veem a glória da cruz, a glória de um Salvador amoroso, a glória de um poderoso mas humilde Deus, que não se vergonha de referir a si mesmo como Pai. Eles ficam maravilhados com o gracioso Redentor, assim como aqueles que correram para Jesus, no Evangelho de Marcos, admirados com tudo

---

20. Jonathan Edwards, "Treatise on Grace", em *Writings on the Trinity, Grace, and Faith*, ed. Sang Hyun Lee, vol.21 de The Works of Jonathan Edwards (New Haven, CT: Yale University Press, 2003), 186.

o que Jesus tinha feito por eles, espantados como se tivessem testemunhado a erupção de um vulcão (Mc 5.20; 7.37; 9.15).

Tudo isso significa, especialmente para aqueles que pregam e ensinam, que devemos estar atentos à identidade que mais comumente atribuímos a Deus. Estaria nossa visão de alguma forma desequilibrada, ignorando algo que Deus revelou de si mesmo? Será que, como Atanasius se queixou, temos a tendência de identificar ou nomear a Deus "somente por suas obras"? Ou conseguimos, mais precisamente, "reconhecer Deus no Filho e chamá-lo de Pai"? A questão não é simplesmente uma escolha de palavras quando falamos de Deus. A forma do evangelho que proclamamos falará mais alto como pensamos, mais essencialmente, a respeito de Deus.

Pense na apresentação do evangelho que descreve Deus apenas como Criador, governante ou rei. Nesse tipo de pregação, o pecado não é uma questão mais profunda do que quebrar suas regras; e a redenção tem apenas a ver com ser trazido de volta ao seu domínio. Tal evangelho nunca poderia conferir um temor e um deslumbramento filial, pois não faz qualquer menção à paternidade de Deus ou a nossa adoção através do Filho. Tal evangelho só poderia deixar as pessoas com medo do Criador.

Somente quando somos resolutamente centrados em Cristo, "reconhecendo" Deus no Filho e, assim, chamá-lo de Pai, só então poderemos anunciar um evangelho mais rico e verdadeiro. Só então fará sentido que nosso pecado é uma questão mais profunda do que a desobediência externa, que é uma questão relacional de nossos corações extraviados e que amam o que é errado. Somente então falaremos que o Deus Pai enviou seu Filho para ser o primogênito entre muitos irmãos, compartilhar sua filiação e nos trazer como filhos para sua família. Somente o evangelho cristocêntrico pode levar pessoas a compartilhar o mesmo temor de Jesus.

O assunto é mais grave ainda quando abordamos a questão de nosso temor de Deus. Quando os mestres cristãos conhecem a importância do tema na Escritura mas entendem mal o correto temor de Deus, como sendo nada mais do que o medo do Criador, eles podem realmente furtar os crentes de seu temor filial. É muito fácil direcionar as pessoas para a grandeza de Deus como Criador – o que é absolutamente correto fazer – mas, então, falhar em não apontar para o evangelho e para a grandeza de Deus como um Salvador compassivo. Um sinal evidente de tal ensino incompleto é que lhe falta a compaixão do Salvador e, portanto, se depara com um Deus irado, intimidador e cruel. Ele poderá parecer um Deus grande, mas não um Deus bom.

Os dois passos que Calvino argumenta, em relação ao nosso conhecimento de Deus, necessitam ser observados para que as pessoas temam corretamente: o conhecimento de Deus, o maravilhoso Criador, *e* o conhecimento de Deus, o Redentor misericordioso em Cristo. E a progressão de um para o outro deve ser mantida. Aqueles que conhecem a Deus como Pai podem ter um gozo mais profundo e ter o temor a Deus como Criador, onipotente e Juiz justo; enquanto aqueles que conhecem a Deus apenas como Criador ou Juiz nunca poderão desfrutar de Deus em sua bondade redentora. Os que conhecem a Deus apenas como Criador não o temem corretamente - nem como Criador, nem como Redentor; apenas os que possuem o temor filial podem também, corretamente, usufruir do temor de Deus como seu Criador.

Veja, por exemplo, em Charles Spurgeon, como o seu temor filial por seu Pai celeste enriqueceu o deslumbramento com as maravilhas de Deus como Criador. Em contraste com o jovem Martinho Lutero, que gritou de medo do raio em uma tempestade de verão, Spurgeon declarou: "Eu amo os relâmpagos, o trovão de Deus é o meu deleite."

> Os homens têm por natureza medo dos céus; os supersticiosos temem os sinais no céu, e até mesmo o que é mais corajoso às vezes treme quando o firmamento é iluminado pelos raios e o trovão clangoroso faz tremer e reverberar a vastidão do céu. Porém, sempre sinto vergonha de ficar trancado em casa quando o trovão sacode a terra firme e os relâmpagos cortam como flechas no céu. Deus está ali, e eu amo sair para um lugar mais amplo, olhar para cima e divisar os portões do céu, revelados à longa distância pelos relâmpagos, que me permitem olhar para o invisível. *Eu gosto de ouvir a voz de meu Pai Celestial no trovão.*[21]

---

21. Charles H. Spurgeon, "C.H. Spurgeon's Autobiography", compilado de *His Diary, Letters, and Records by His Wife and His Private Secretary*, 1834–1854, vol.1 (Chicago: Curts&Jennings, 1898), 205 [ênfase do autor].

Spurgeon podia experimentar a transcendência e o poder criativo de Deus com um prazer tremendo; precisamente, porque os via como a transcendência e poder não apenas de um Criador justo mas, também, de seu Pai amoroso. As maravilhas da criação são mais apreciadas pelos filhos de Deus que estão conscientes disso. Relâmpagos, montanhas, estrelas e oceanos bravios são muito mais maravilhosos para aqueles que os veem como obras do majestoso e gracioso Pai.

VI
Como crescer neste temor

O TÍTULO DESTE CAPÍTULO pode parecer uma isca de autoajuda barata para o leitor. Como crescer no temor de Deus - é o que este capítulo trata; mas, o temor de Deus não é um estado de espírito que você pode garantir com cinco passos fáceis. O temor do Senhor é sabedoria (Jó 28.28), mas onde é possível encontrar sabedoria?

> Não se dá por ela ouro fino, nem se pesa prata em câmbio dela. O seu valor não se pode avaliar pelo ouro de Ofir, nem pelo precioso ônix, nem pela safira. O ouro não se iguala a ela, nem o cristal; ela não se trocará por joia de ouro fino; ela faz esquecer o coral e o cristal; a aquisição da sabedoria é melhor que a das pérolas. Não se lhe igualará o topázio da Etiópia, nem se pode avaliar por ouro puro. Donde, pois, vem a sabedoria, e onde está o lugar do entendimento? Está encoberta aos olhos

de todo vivente e oculta às aves do céu. O abismo e a morte dizem: Ouvimos com os nossos ouvidos a sua fama. Deus lhe entende o caminho, e ele é quem sabe o seu lugar. (Jó 28.15-23)

O temor correto do Senhor é um dom elevado, não é algo facilmente adquirido. E o perigo de usar a linguagem "como fazer" é que mudamos nosso foco do próprio "temor" para nós mesmos e nossas atividades perdendo, assim, toda a possibilidade de um verdadeiro temor filial. Podemos facilmente nos enredar com coisas exteriores: os passos que estamos seguindo ou os hábitos nos quais estamos trabalhando. Podemos olhar para nosso desempenho exterior e pensar que nossos hábitos piedosos e atos externos de reverência correspondem ao temor de Deus, quando na verdade o estamos falsificando e sendo faltosos com a realidade vital. C.S. Lewis comentou certa vez sobre como esse bom comportamento exterior, embora muito importante, é um falso *objetivo* final:

> Certo, o cristianismo lhe fará bem – muito mais do que você alguma vez desejou ou esperou. E a primeira coisa boa que ele lhe fará será martelar em sua cabeça (e você não vai gostar disso!) o fato de que aquilo que você até agora chamou de "bom" – tudo aquilo sobre "ter uma vida decente" e "ser bom" – não é bem o acontecimento magnificente e da maior importância que você supunha. Ele lhe ensinará que, de fato, você não poderá ser "bom" (não por vinte e quatro horas) contando apenas com seus próprios esforços morais. E então

ele lhe ensinará que, mesmo que você pudesse, você ainda não teria atingido o propósito pelo qual foi criado. A mera moralidade não é o fim da vida. Você foi feito para algo muito diferente (...). A moralidade é indispensável: mas a Vida Divina, que se dá a nós e que nos convida a ser deuses, planeja algo para nós em que a moralidade será nele absorvida. Temos de ser refeitos.[1]

O temor de Deus é o bater do coração da nossa nova vida em Cristo e "a alma da piedade".[2] Como tal, não é a mera soma de certos comportamentos, ou algo que podemos adquirir com simples esforço próprio. Se assim fosse, seria uma matéria totalmente superficial e infinitamente menos preciosa. Ao invés de ser uma *consequência* de quaisquer práticas particulares, o temor de Deus é uma questão de orientação mais profunda de um coração renovado – algo que *provoca* um comportamento verdadeiramente cristão.

UMA QUESTÃO DO CORAÇÃO

Os Reformadores estavam profundamente preocupados com a facilidade com que podemos confundir a realidade do temor

---

1. C. S. Lewis, "Man or Rabbit?," in God in the Dock (London: HarperCollins, 1979), 72. [edição em português: C.S. Lewis, "Homem ou Coelho?", em Deus no Banco dos Réus (Rio de Janeiro: Editora Thomas Nelson, 2018)].).

2. John Murray, *Principles of Conduct: Aspects of Biblical Ethics* (London: Tyndale, 1957), 229 [edição em português: Princípios de Conduta – Aspectos da Ética Cristã (DF: Editora Monergismo, 2020).

de Deus com um espetáculo exterior e vazio. Como disse Martinho Lutero:

> Temer a Deus não é apenas cair sobre os seus joelhos. Mesmo um homem sem Deus e um ladrão podem fazer isso. Da mesma forma, quando um monge põe sua confiança em seu traje de monge e em suas regras, isto é idolatria.[3]

João Calvino acrescentou: "Onde quer que haja grande ostentação nas cerimônias, a sinceridade de coração é de fato coisa rara."[4] Isso nos faz pausar um instante. É, por exemplo, muito fácil (e muitas vezes correto) criticar o culto da igreja que parece desprovido do genuíno temor de Deus mas, então, como solução para isso, simplesmente estabelecermos regras que exigem alguns atos externos que *imitam* o verdadeiro temor.

A Escritura apresenta o temor de Deus como sendo, principalmente, uma questão interna das inclinações do coração. Ela descreve a forma e a medida do anelo cristão apropriado. Assim lemos no Salmo 112.1: "Bem-aventurado o homem que teme ao Senhor e se compraz nos seus mandamentos."

---

3. Martin Luther, Luther's Works, vol. 51, Sermons I, ed. Jaroslav Jan Pelikan, Hilton C. Oswald and Helmut T. Lehmann (St. Louis, MO: Concordia, 1999), 139. [edição em português: Martinho Lutero, Obras Selecionadas de Lutero (São Leopoldo: Editora Sinodal, 2016)].

4. John Calvin, Institutes of the Christian Religion, ed. John T. McNeill, trans. Ford Lewis Battles (Louisville: Westminster John Knox, 2011), 1.2.2. [edição em português: João Calvino, Institutas da Religião Cristã (São José dos Campos: Editora Fiel, 2017).

Aquele que teme o Senhor, então, não é quem meramente procura, com má vontade e externamente, guardar os mandamentos do Senhor. Aquele que verdadeiramente teme o Senhor tem grande prazer em seus mandamentos!

Em um sermão sobre Provérbios 28.14, brilhantemente intitulado de *A felicidade do temor constante*, Thomas Boston resumiu como o temor está relacionado com nossos anseios - com nossos amores e ódios:

> O medo escravizador não teme senão o inferno e o castigo. O temor filial teme o próprio pecado (...). O primeiro está misturado com o ódio a Deus, o outro com amor por ele. Aquele vê a Deus como um juiz vingador; este, o vê como um Pai santo, a cuja santidade o coração se reconcilia e a alma anseia por ser semelhante a ele.[5]

Em outras palavras, o temor, seja ele de qualquer tipo, é algo mais intenso do que o comportamento: é algo que provém da própria disposição do coração e direciona o comportamento. Assim, o medo pecaminoso não é apenas uma questão de ações pecaminosas: ele odeia a Deus, despreza-o como um Juiz vingador e, portanto, age pecaminosamente. Em contraste, o temor correto ama a Deus, estima-o como o Pai santo e, por isso, tem um desejo sincero de ser como ele. John Owen escreveu de forma semelhante

---

5. Thomas Boston, *The Whole Works of the Late Reverend Thomas Boston of Ettrick*, ed. Samuel McMillan, vol.3 (Aberdeen: George and Robert King, 1848), 6.

sobre o temor do Senhor, como sendo uma inclinação interna do coração, dispondo-o a amá-lo e a deleitar-se nele acima de tudo: "Temer o Senhor e a sua bondade, e temer a ele *por* sua bondade; confiar em seu poder e fidelidade; obedecer à sua autoridade; deleitar-se na sua vontade e graça; amá-lo acima de tudo, por causa da sua excelência e beleza - é isto que significa glorificá-lo."[6]

O temor de Deus, sendo um forte tema bíblico, firma-se, então, como um imponente cão de guarda teológico. Isso nos impede de pensar que fomos feitos para a não demonstração de emoção ou para um conhecimento desconexo sobre verdades abstratas. Ele nos sustenta no reconhecimento de que fomos criados para conhecer a Deus, de tal forma que os nossos corações tremem com a sua beleza e esplendor, o que nos renova em nível mais profundo. Mostra-nos que viver a vida com Cristo envolve uma transformação dos nossos próprios afetos, de modo que começamos realmente a desprezar - e não apenas a renunciar - os pecados que outrora acariciávamos, e passamos a valorizar o Deus que antes abominávamos.

É por isso que cantar é uma expressão tão apropriada de um correto temor filial. "Batei palmas, todos os povos", clamam os filhos de Corá no Salmo 47:

> Batei palmas, todos os povos; celebrai a Deus com vozes de júbilo. Pois o Senhor Altíssimo é tremendo. (Sl 47.1-2; ver também Sl 96.1-4)

---

[6]. John Owen, "An Exposition upon Psalm 130" em *Temptation and Sin*, vol.6 de The Works of John Owen, ed. William H. Goold (repr., Edinburgh: Banner of Truth, 1967), 484.

Em Êxodo 15, cheios de alegria pela libertação do Senhor, Moisés e o povo cantaram:

> Ó Senhor, quem é como tu entre os deuses? Quem é como tu, glorificado em santidade, terrível ["temível"] em feitos gloriosos, que operas maravilhas? (Ex 15.11)

No seu *Magnificat*, Maria "realmente canta docemente sobre o temor de Deus, e sobre o tipo de Senhor que ele é", diz Lutero.[7] Na verdade, o temor do Senhor é a razão pela qual o cristianismo é a mais cheia de canções dentre todas as religiões. É a razão pela qual os cristãos, seja adorando juntos, seja transbordando em cânticos, sempre procuram fazer melodia sobre a sua fé. Instintivamente, os cristãos cantam para expressar o sentimento que há por trás das palavras de louvor e mexer com as emoções, sabendo que as palavras faladas de forma fria não são adequadas na adoração a este Deus. O fato de sabermos que o nosso Deus se deleita em nós com alegria e se regozija em nós com júbilo (Sf 3.17) nos faz regozijar e exultar por ele, retribuindo com sinceras melodias.

Como os corações mudam

Uma vez que o temor de Deus é uma questão das inclinações mais profundas do coração, a maneira como você pensa

---

7. Martinho Lutero, *Luther's Works*, vol. 21, The Sermon on the Mount and the Magnificat, ed. Jaroslav Jan Pelikan, Hilton C. Oswald, e Helmut T. Lehmann (St. Louis, MO: Concordia, 1999), 298.

que pode cultivá-lo vai depender de como pensa que o nosso coração funciona. E esta, disse Lutero, era "a verdadeira questão, a essência do assunto em discussão" na Reforma.[8]

A compreensão de Lutero, nos primeiros dias da Reforma se baseava na ética aristotélica que Tomás de Aquino havia tornado tão determinante para o catolicismo romano. Aristóteles tinha afirmado: "Nós nos tornarmos justos fazendo atos justos" (ou, "tornamo-nos justos ao praticarmos atos justos").[9] Foi uma mensagem de autoajuda, do tipo "pratique que um dia você conseguirá". Em outras palavras, se você praticar continuamente atos de justiça externos acabará, de fato, se tornando uma pessoa justa. Tomás de Aquino, portanto, entendia que o cultivo de hábitos virtuosos era a chave para o crescimento em santidade.

A própria experiência de Lutero como monge tinha provado que isso estava errado. Por anos ele viveu pela máxima "tornamo-nos justos ao praticarmos atos de justiça"; mas, por fim, compreendeu que fazer todos os seus atos externos de retidão não o tornava reto de coração, nem cheio de amor pelo Senhor. Muito ao contrário. Tentar entender a si mesmo e tornar-se justo por seus próprios esforços, o estava conduzindo a um temor profundamente pecaminoso e ao ódio a Deus. Ele poderia atingir

---

8. Martinho Lutero, *Luther's Works*, vol.33, Career of the Reformer IV, ed. Jaroslav Jan Pelikan, Hilton C. Oswald, e Helmut T. Lehmann (St. Louis, MO: Concordia, 1999), 294.

9. Aristotle, *The Nicomachean Ethics*, trad. e intro. D. Ross, rev. J. L. Ackrill e J. O. Urmson (Oxford: Oxford University Press, 1998), 29.

uma *aparência* exterior de justiça, mas não seria mais do que mera hipocrisia, constituída de autodependência, autoestima e retidão própria. Lutero veio a entender que Tomás de Aquino falhou em avaliar o quanto o pecado se aprofunda em nós, o quanto ele vai mais fundo do que nós mesmos podemos medir. Não é algo que pode ser tratado através da mudança de comportamento com hábitos virtuosos. E assim, Lutero argumentou em 1517: "Nós *não* nos tornamos justos praticando atos de justiça, mas, *tendo sido feitos justos*, praticamos atos justos."[10]

Como Lutero entendeu, o nosso pecado não é apenas uma questão de nossas ações e hábitos. Nossas ações apenas manifestam as inclinações mais profundas dos nossos corações: se amamos ou odiamos a Deus. Pecamos por natureza, porque fazemos "a vontade da carne" (Ef 2.3). Nós escolhemos o pecado, porque é isso que queremos. *Amamos* naturalmente as trevas (Jo 3.19) e, assim, "cada um é tentado pela sua própria cobiça quando, esta, o atrai e seduz. Então, a cobiça, depois de haver concebido, dá à luz o pecado; e o pecado, uma vez consumado, gera a morte" (Tg 1.14-15).

Lutero entendeu que apenas mudar nossos hábitos não nos fará lidar com nossas inclinações mais profundas e pecaminosas. O que precisamos é de uma renovação *radical* – não de autoaperfeiçoamento, mas de uma profunda mudança de coração – para que nossa vontade, nosso amor e nossos anseios

---

10. Martinho Lutero, *Luther's Works*, vol.31, Career of the Reformer I, ed. Jaroslav Jan Pelikan, Hilton C. Oswald, e Helmut T. Lehmann (St. Louis, MO: Concordia, 1999), 12 [ênfase do autor].

sejam diferentes. Precisamos de corações que amem livremente e que sejam satisfeitos com Deus (Ez 36.26-27; Mc 7.14-23; Jo 3.3). "Como uma obra agradará a Deus, se procede de um coração relutante e resistente?", perguntou Lutero.

> Cumprir a lei, porém, é fazer as suas obras com prazer e amor (...). Esse prazer e amor pela lei é colocado no coração pelo Espírito Santo (...). Mas o Espírito Santo não é dado exceto em, com e pela fé em Jesus Cristo (...). Além disso, a fé vem somente através da Palavra de Deus ou Evangelho, que anuncia a Cristo.[11]

Ou seja, só o Espírito Santo pode trazer a mudança fundamental na disposição que precisamos ter, e ele o faz através do evangelho que prega a Cristo. Só a pregação de Cristo pode levar o coração a realmente desejar a retidão e o temor a Deus, com uma adoração filial cheia de amor e tremor. E não é o caso que o Espírito faz essa obra apenas uma vez, ao nascermos de novo, deixando-nos a partir daí por conta de nosso próprio suor e exaustão em busca de santificação. É *sempre* o evangelho que faz a obra mais profunda de arar nossos corações. Ou, como disse John Owen: "a santidade não é outra coisa senão a implantação, a escrita e a concretude do evangelho nas nossas almas."[12] Assim, o primeiro conselho de Lutero para os crentes que desejam crescer em santidade foi este:

---

11. Martino Lutero, *Luther's Works*, vol. 35, *Word and Sacrament I*, ed. Jaroslav Jan Pelikan, Hilton C. Oswald, e Helmut T. Lehmann (St. Louis, MO: Concordia, 1999), 368.

12. John Owen, *The Holy Spirit*, vol.3 de The Works of John Owen, ed. William H. Goold (repr., Edinburgh: Banner of Truth, 1966), 370–71.

É assim que deves cultivar a Cristo em ti mesmo (...). A fé deve brotar e fluir do sangue, das feridas e da morte de Cristo. Se vires nisto que Deus é tão bondosamente disposto para contigo, que até entregou o seu próprio Filho por ti, então o teu coração, por sua vez, deve crescer em doçura e disposição para com Deus.[13]

Somente quando o seu coração estiver voltado para Deus, você vai querer batalhar para voltar o seu comportamento em direção a ele.

Hoje em dia, a linguagem de Tomás de Aquino sobre a importância dos hábitos readquiriu um pouco do seu antigo status. Precisamos, então, ser claros quanto a que hábitos podem ou não podem ser desenvolvidos. Os hábitos, em si e por si mesmos, não têm a capacidade de nos mudar ao nível mais profundo das nossas disposições e desejos. Pelo contrário, como Lutero percebeu, a renovação profunda acontece de *dentro para fora*, com uma mudança de coração que leva à mudança do comportamento. Isto não acontece *de fora para dentro*, por uma mudança de comportamento que causa uma mudança de coração. Mas, espere! O que, então, podemos perguntar sobre os meios de graça? E sobre o culto dominical? Sobre as devoções diárias? Não seriam esses alguns dos hábitos virtuosos que devemos cultivar? Bem, não na forma que Tomás de Aquino se referia.

---

13. Martinho Lutero, *Luther's Works*, vol.44, The Christian in Society I, ed. Jaroslav Jan Pelikan, Hilton C. Oswald, e Helmut T. Lehmann (St. Louis, MO: Concordia, 1999), 30, 38–39

O mero hábito de ir à igreja no domingo em si mesmo não produzirá, *necessariamente,* em nós o temor correto de Deus. Nem a leitura da Bíblia, a oração e assim por diante. Posso manter tais hábitos como um inquebrável relógio suíço e, ainda assim, ser totalmente desprovido do verdadeiro temor de Deus. Essas coisas não transmitem graça *ex opere operato* (pela obra operada). São *meios* de graça: são pontos de contato com o Evangelho, o qual tem em si o poder de nos transformar. Em outras palavras, não é o mero ato de ir à igreja que nos faz bem; é o evangelho que lá ouvimos. Não é o hábito em si que nos transforma, mas o evangelho de Cristo.

É por isso que Moisés mencionou a palavra de Deus como o meio de se cultivar um verdadeiro temor a Deus.

> Estes, pois, são os mandamentos, os estatutos e os juízos que mandou o Senhor, teu Deus, se te ensinassem, para que os cumprisses na terra a que passas para a possuir; *para que temas ao Senhor, teu Deus* (...) tu, e teu filho, e o filho de teu filho (...). (Dt 6.1-2; ver também 17.18-19; 31.10-13)

Como vimos, entre uma série de títulos que descrevem a palavra de Deus, o Salmo 19.9 chama-lhe de "o temor do Senhor", por revelar tão perfeitamente a glória daquele que é "o Temor". É *através da palavra de Deus* que os corações são transformados de "vacilantes e aversos" a "trêmulos e maravilhados" perante Deus.

"Estavas lá quando crucificaram meu Senhor? (...) Isso me faz tremer"

Toda a Escritura é útil para o nosso crescimento no temor filial ao Senhor. Podemos olhar para a sabedoria de Deus no plano da nossa salvação, a sua constante bondade para com o seu povo, sua santidade, sua grandeza, sua ternura, e tudo isso nos leva a conhecê-lo melhor e a temê-lo mais. *Tudo* nele é maravilhoso e *todas* as suas obras proclamam como ele é temível em todos os seus caminhos. Assim ora Davi:

> Meditarei no glorioso esplendor da tua majestade e nas tuas maravilhas. Falar-se-á do poder dos teus feitos tremendos, e contarei a tua grandeza. Divulgarão a memória de tua muita bondade e com júbilo celebrarão a tua justiça. (Sl 145.5-7)

A Escritura nos diz até mesmo para olharmos para fora da Escritura - para olharmos à volta de toda a criação – para vermos evidências tanto da magnificência quanto da bondade de Deus. Assim é quando Davi olha para o céu, para a lua e as estrelas e exclama:

> Ó Senhor, Senhor nosso, quão magnífico em toda a terra é o teu nome! (Sl 8.9)

Contudo, como disse João Calvino, ainda que, "de fato, a glória de Deus resplandeça em todas as criaturas, nas mais elevadas ou inferiores (...), em nenhum lugar brilha mais intensamente do que na cruz".[14] A cruz é "a hora" em que o Filho do Homem é glorificado (Jo 12.23). Ali, "como em um magnífico drama, a inestimável bondade de Deus é demonstrada perante o mundo inteiro".[15] Ali, o temor de Deus, com toda a sua grande justiça e misericórdia, é manifestado de maneira mais clara e profunda. Assim, o teólogo escocês do século 19, John Brown, escreveu em seu grande comentário sobre 1 Pedro:

> Nada é tão adequado para infundir o temor de Deus, que preserva os homens de ofendê-lo, como uma visão esclarecedora da cruz de Cristo. Ali brilha uma santidade sem manchas, uma justiça inflexível, uma sabedoria incompreensível, um poder onipotente, e um santo amor. Nenhum desses atributos excelentes escurecem ou eclipsam o outro, antes cada um fornece um brilho aos demais. Todos eles combinam seus feixes de luz e brilham conjuntamente com um esplendor eterno: o Juiz justo, o misericordioso Pai, o sábio Soberano. Em nenhum outro lugar a justiça parece tão respeitável, a misericórdia tão amável, ou a sabedoria tão profunda.[16]

---

14. João Calvino, John Calvin, Commentary on the Gospel according to John, vol. 2, in Calvin's Commentaries, trans. William Pringle (Grand Rapids, MI: Baker, 1989), at John 13:31.

15. João Calvino, Commentary, John 13:31.

16. John Brown, *Expository Discourses on I Peter*, vol.1 (Edinburgh: Banner of Truth, 1975), 472–73.

O Puritano John Owen conhecia, por forte experiência pessoal, quão vigorosamente cresce o temor de Deus diante da cruz. Ele escreveu talvez a mais longa exposição do Salmo 130, visto que sua vida foi transformada pelo versículo 4 ("Contigo, porém, está o perdão, para que te temam."). Owen explicou:

> Eu mesmo preguei a Cristo (...) por alguns anos, quando eu tinha pouca (se é que tinha) familiaridade experimental com o acesso a Deus através de Cristo; até que aprouve ao Senhor me visitar com dolorosa aflição, quando fui levado até a beira da sepultura, e levou minha alma a ser oprimida com horror e escuridão ; mas Deus aliviou graciosamente o meu espírito, através de uma poderosa aplicação do Salmo 130:4, "contigo, porém, está o perdão, para que te temam", de onde recebi instrução especial, paz e conforto, ao aproximar-me de Deus através do Mediador, e preguei logo após a minha recuperação.[17]

O significado particular do versículo 4 para Owen é bastante óbvio em seu comentário, ocupando cerca de três quartos de sua obra, uma vez que ele explicita a natureza e a possibilidade do perdão de Deus. Ali, Owen afirma ousadamente:

---

17. John Owen, "An Exposition upon Psalm 130", em *Temptation and Sin*, vol.6 de The Works of John Owen, ed. William H. Goold (repr., Edinburgh: Banner of Truth, 1967), 324.

Como demonstrado, no Antigo Testamento o temor de Deus expressa, frequentemente, não aquela graciosa afeição de nossas mentes, como nitidamente assim chamamos, mas toda a adoração a Deus, em que essa afeição e todos os outros afetos graciosos para com Deus devem ser exercidos. Aqui o salmista nos diz que o fundamento deste temor ou adoração, e o único motivo e encorajamento para os pecadores se envolverem e se entregarem a ele, é este: que há perdão em Deus. Sem isto, nenhum pecador poderia temer, servir ou adorá-lo.[18]

Então, por que a cruz é um lugar singularmente fértil para o temor de Deus? Primeiro, porque na cruz recebemos o perdão, sem o qual nunca poderíamos nos aproximar de Deus e nem mesmo teríamos esse desejo. Sem a obra mediadora de Jesus na cruz, Deus seria apenas um juiz terrível para nós. Ao pregar em Oséias 3.5, sobre o temor correto de Deus, Spurgeon arrazoou:

> Se temes a Deus e não sabes que existe um Mediador entre Deus e os homens, nunca pensarás em aproximar-te dele. Deus é um fogo consumidor; então, como podes chegares a ele sem Cristo? Se temes a Deus e não sabes a respeito da expiação de Cristo, como poderias aproximar-te dele? Sem fé, é impossível agradar a Deus, e sem o sangue de

---

18. John Owen, "An Exposition upon Psalm 130", 469.

Jesus não há caminho de acesso ao trono da misericórdia divina. Se não conheces a Cristo, nunca virás a Deus. O teu temor deve estar ligado à bondade de Deus, tal como é manifestada na pessoa do seu Filho amado, ou então não será aquele tipo de temor que o procura, aquele temor que se direciona ao Senhor, sobre o qual o nosso texto fala. Será um temor fugidio - um temor que te conduzirá para mais longe de Deus, à mais profunda escuridão, à destruição total; na verdade, que te levará a um abismo sem fundo, que engole toda a esperança, todo o descanso e toda a alegria, para sempre.[19]

Spurgeon se referia ao descrente que não conhece a Cristo. Mas, de fato, em grande parte esse problema também existe entre cristãos. Embora tenham sido iluminados pelo Espírito a respeito dos seus pecados, o seu conhecimento do perdão de Deus permanece incompleto. Sem esse conforto do evangelho, continuam com um medo pecaminoso em relação a Deus, oscilando entre a elevação espiritual no domingo e um mau humor espiritual na segunda-feira quando, por culpa, rastejam para longe de Deus. A justificação pela fé somente é o fundamento essencial para uma vida cristã saudável; ignorá-la é o oposto da bênção. É por isso que Owen, no seu comentário do Salmo 130, estava tão ansioso para detalhar a verdade da obra de Cristo na cruz e a justificação: ele entendeu isto como sendo a chave

---

19. Charles H. Spurgeon, "A Fear to Be Desired", em *The Metropolitan Tabernacle Pulpit Sermons*, 63 vols. (London: Passmore & Alabaster, 1855–1917), 48:495.

para a libertação do medo pecaminoso. A todos os crentes apanhados em tais temores pecaminosos em relação a Deus, George MacDonald argumentou:

> Se, então, qualquer filho sentir medo do pai, e que até o pensar em Deus é um desconforto para ele, ou mesmo um terror, então, que se apresse, que não demore a vestir-se, mas que em sua nudez busque de imediato, como um verdadeiro filho, abrigar-se do seu próprio mal e de seu medo de Deus, correndo para a salvação que há nos braços do Pai, para o lar de sua procedência, para que ele saiba que ali é a sua casa. Que pai, mesmo sendo mau, não se alegraria em ver o filho que o ofendeu vir correndo para o seu abraço? Quanto mais o Pai de nossos espíritos, que outra coisa não busca, senão que seus filhos o recebam de braços abertos![20]

A cruz, pelo perdão que ela traz, liberta-nos do medo pecaminoso. Mas, muito além disso, cultiva também a mais singular adoração do Redentor, com grande temor. Pense na mulher pecadora, com Jesus na casa de Simão, o fariseu: ela estando aos pés de Jesus, "chorando, regava-os com suas lágrimas e os enxugava com os próprios cabelos; e beijava-lhe os pés e os ungia com o unguento" (Lc 7.38). A isso, disse Jesus a Simão:

---

20. George MacDonald, *Unspoken Sermons - Second Series* (London: Longmans, Green & Co., 1885), 74.

Vês esta mulher? Entrei em tua casa, e não me deste água para os pés; esta, porém, regou os meus pés com lágrimas e os enxugou com os seus cabelos. Não me deste ósculo; ela, entretanto, desde que entrei não cessa de me beijar os pés. Não me ungiste a cabeça com óleo, mas esta, com bálsamo, ungiu os meus pés. Por isso, te digo: perdoados lhe são os seus muitos pecados, porque ela muito amou; mas aquele a quem pouco se perdoa, pouco ama. (Lc 7.44-47)

Jesus mencionou o *amor* demonstrado por aquela mulher, mas a intensidade da atitude exterior empregada em sua demonstração de afeto retrata o *temor* apresentado na Escritura. Ela agiu com um amor repleto de temor. Ou, em outras palavras, o seu amor era tão intenso, que era também cheio de temor. Spurgeon poderia estar se referindo a ela ao dizer:

> Quando o homem recebe realmente o perdão de todos os seus pecados, esse é o homem que teme o Senhor. Este é claramente o caso, pois o perdão gera amor na alma; e quanto mais o homem é perdoado, mais ele ama. Naquele, cujo grande pecado foi apagado, vem a existir um grande amor. Afinal, não é o amor o próprio cerne do verdadeiro temor de Deus?[21]

Quando para nós se torna clara a grande magnitude do perdão de Cristo, quando compreendemos a que ponto ele

---

21. Charles H. Spurgeon, "Forgiveness and Fear", in *The Metropolitan Tabernacle Pulpit Sermons*, 63 vols. (London: Passmore & Alabaster, 1855–1917), 50:224.

chegou para nos perdoar, e, assim, vemos a terrível gravidade do nosso pecado (que é melhor avaliado diante da cruz), nossa reação correta é de intenso amor e temor. No mesmo sermão, Spurgeon prossegue:

> Muitos homens e mulheres já viveram, e muitos ainda vivem, que entregaram todo o seu ser a Jesus, muitos dos quais labutam por ele quase além de suas forças. Muitos desses já morreram por causa dele, sofrendo as mortes mais cruéis, sem retroceder nem procurar escapar da sua terrível cruz. De onde veio a eles um temor de Deus tão grande como esse? Ora, nunca poderia ter vindo aos seus corações, se não tivessem recebido o perdão dos seus pecados pelo amor de Cristo; mas, tendo sido perdoados, vieram a amar e temer - não com um temor servil, mas com um santo temor por aquele que é bendito, em cujo precioso sangue foram purificados. Assim, o perdão dos pecados é essencial para o verdadeiro temor de Deus; e, onde está presente, é o principal motivo que os move a temer a Deus e a trazê-los a essa condição de bênção.[22]

Todos os cristãos devem experimentar esta reação cheia de temor diante da cruz. É uma experiência intensa, maravilhosa e normal para os cristãos. No entanto, lamentamos que seja uma experiência demasiado rara. O nosso orgulho egoísta coloca

---

22. Charles H. Spurgeon, "Forgiveness and Fear", in *The Metropolitan Tabernacle Pulpit Sermons*, 63 vols. (London: Passmore & Alabaster, 1855–1917), 224.

todas as barreiras para que não nos humilhemos aos pés de Cristo, ainda que tal humilhação seja tão doce.

Esse temor quebrantado é uma joia rara, porque é a experiência de alguém que de bom grado se dispõe a morrer para si mesmo. George MacDonald diagnosticou essa luta com o pecado e a experiência do temor, quando escreveu:

> O eu, entendido como aquele que faz suas próprias leis, é o inimigo demoníaco da vida; Deus é o único que lhe pode salvar dele (...). Nenhuma glória da parte de Deus deveria gerar terror; quando um filho de Deus tem medo, é um sinal de que a palavra Pai ainda não foi livremente formada em seu lábio espiritual. A glória só pode gerar terror naquele que é capaz de ser aterrorizado por ela; enquanto isso acontece, é conveniente que exista este pavor e que seja mantido, até que esse indivíduo procure refúgio no único lugar onde não há pavor - no seio da glória.[23]

Muito facilmente nós, cristãos, nos acomodamos com o temor pecaminoso para com Deus, por não conseguirmos lidar com o julgamento da cruz sobre a nossa pecaminosidade. É quando aceitamos esse julgamento e morremos para nós mesmos que o nosso pavor resistente a Deus se transforma em adoração temerosa. Não é de admirar que o temor de Deus é um

---

23. George MacDonald, *Unspoken Sermons - Second Series* (London: Longmans, Green & Co., 1885), 74.

prêmio que não pode ser comprado com ouro; ele é o oposto do autoaperfeiçoamento, é o fruto da morte pessoal, que só pode acontecer ao pé da cruz.

Temos perguntado porque a cruz é um terreno tão fértil para o temor a Deus, e temos pensado em uma resposta: porque na cruz recebemos grande perdão para o terrível pecado. Mas há outra resposta. A graça de Deus deixa um rastro, como que de migalhas de pão, que nos conduze do perdão recebido até o nosso perdoador. Isto é, à luz da cruz os cristãos não só agradecem a Deus por sua graça, mas também o louvam por revelar-se na cruz como um ser tão gracioso, tão bondoso e misericordioso. "Oh! Um grande Deus é também um bom Deus", escreveu João Bunyan; "um Deus que é bondoso para o indigno, para o que não merece, e para um povo que continuamente faz tudo para provocar os seus olhos de glória; isto deveria fazer-nos tremer".[24] De fato, ele explicou noutro lugar:

> Não há nada no céu ou na terra que possa deslumbrar tanto o coração como a graça de Deus. É o que faz o homem temer, é o que faz o homem tremer, é o que faz o homem curvar-se, dobrar-se e quebrantar-se. Nada tem esse poder, nem a grandeza da autoridade sobre o coração dos filhos dos homens, como tem a graça de Deus.[25]

---

24. John Bunyan, "The Saints' Knowledge of Christ's Love", em *The Works of John Bunyan*, ed. George Offer, 3 vols. (Glasgow: W. G. Blackie & Son, 1854; repr., Edinburgh: Banner of Truth, 1991), 2:14.

25. John Bunyan, "The Water of Life", em *The Works of John Bunyan*, ed. George Offer, 3 vols. (Glasgow: W. G. Blackie & Son, 1854; repr., Edinburgh: Banner of Truth, 1991), 3:546-47.

No seu *Tratado sobre o temor de Deus*, Bunyan enfatizou que a mudança de coração mais profunda e poderosa, em relação a um verdadeiro temor de Deus, vem ao pé da cruz, onde o nosso pecado, o julgamento e a graça de Deus são revelados de forma suprema. Com impressionante sabedoria, Bunyan escreveu sobre como a cruz simultaneamente cancela a culpa do crente *e* aumenta a nossa percepção sobre o quanto é vil a nossa pecaminosidade:

> Porque se Deus realmente vier te visitar com o perdão dos pecados, essa visita removerá a culpa, mas te aumentará a consciência de tua imundície, e a consciência de que Deus perdoou a um pecador imundo causará em ti, ao mesmo tempo, um regozijo e tremor. Ó, que confusão abençoada cobrirá, então, o teu rosto.[26]

É uma "confusão abençoada", feita de doces lágrimas, na qual a graça e a bondade demonstradas na cruz fazem com que você chore por sua perversidade. Ao mesmo tempo, você se arrepende e se regozija. A misericórdia de Deus acentua a sua maldade, e a sua maldade acentua a sua graça, levando-o a uma adoração mais profunda e com alegre temor pelo Salvador.

E, para ser claro, não é que apenas nos maravilhamos com o perdão em si. Se pararmos aí, ficaremos ainda cheios de amor-próprio, sem *desfrutar* do Salvador, mas *usando-o* hipocritamente, por ele ser aquele que nos livra do inferno. A mudança de coração que

---

26. John Bunyan, "A Treatise on the Fear of God," in The Works of John Bunyan, 1:440.

acontece na cruz leva-nos *para longe* de nós mesmos, e nos deixa maravilhados com a graciosa capacidade do Salvador em conceder tal perdão. Passamos de apenas ficar maravilhados com a dádiva para nos maravilharmos com a glória do próprio doador; passamos de nos maravilharmos com o que ele fez por nós para nos deslumbrarmos com quem ele é em si mesmo. A sua magnanimidade e total bondade nos anulam; mas, ao mesmo tempo, nos preenchem de uma adoração cheia de temor e admiração. Spurgeon disse:

> *A bondade de Deus enche-nos muitas vezes de espanto*, e o espanto tem em si um elemento de temor. Ficamos surpreendidos como o Senhor trata graciosamente conosco, e lhe dizemos: "Por que tens sido tão bom para mim, durante tantos anos e em formas tão diversas? Por que tens manifestado tanta misericórdia e ternura para comigo? Tens me tratado como se eu nunca tivesse magoado ou ofendido a Ti. Ó Deus, o teu amor é como o sol; eu não posso olhar para ele, o seu brilho cegaria os meus olhos! Eu temo a ti, por causa da tua bondade."[27]

Precisamos de pregação cheia de temor, e que induz ao temor

Se o temor de Deus é "o dever de todo homem" (Ec 12.13), "a alma de piedade" e a essência do novo coração, então todo crente deve orar regularmente como Davi:

---

27. Charles H. Spurgeon, "A Fear to Be Desired", em *The Metropolitan Tabernacle Pulpit Sermons*, 63 vols. (London: Passmore & Alabaster, 1855–1917), 48:495.

Ensina-me, Senhor, o teu caminho, e andarei na tua verdade; dispõe-me o coração para só temer o teu nome. (Sl 86.11)

Todo crente deve ler diariamente as Escrituras, buscar livros e comunhão centrados na cruz e na glorificação a Deus, para que possa crescer em temor prazeroso. Mas, a importância do temor de Deus coloca um desafio particular a todos que são chamados a alimentar o povo de Cristo com a palavra de Deus.

Primeiro, se o povo deve temer a Deus com admiração, e não por medo, precisa de líderes que tenham esse temor correto e que sirvam de exemplo na maneira como vivem e falam no dia a dia. O temor é um estado do coração, mas vimos nas Escrituras um temor que frequentemente se manifesta fisicamente. Em outras palavras, o temor pode ser notado. A presença ou ausência de temor em um líder pode, em certa medida, ser observado pelo povo. Deve ser algo que, talvez, não se possa descrever, mas que seja algo belamente parecido com Cristo – na atmosfera ao redor do líder. Deve, ainda, ser claramente *contagiado* pela beleza, e glória, e majestade, e bondade de Deus.

Segundo, o temor de Deus deve ser um objetivo-chave de todo o nosso ensino. Isso deve moldar tanto o *conteúdo* como a *intenção* do nosso ensinamento. Quanto ao conteúdo, o povo precisa da palavra de Deus se quiser crescer nesse temor. Eles precisam de uma dieta expositiva e rica das Escrituras. Através das Escrituras, precisam receber o conhecimento de Deus Criador; mas, devem ser levados além desse ponto, para um conhecimento de Deus centrado na cruz, o Deus Redentor em

Cristo. Eles precisam conhecer a doutrina da justificação pelo sangue de Cristo somente, para banir seus temores pecaminosos e ter a glória do crucificado constantemente afixada diante de si, para que cresçam no maravilhoso temor filial.

Quanto ao propósito do nosso ministério, devemos, assim como Moisés, ensinar com o objetivo específico de que *o povo possa temer o Senhor* (Dt 6.1-2). Isto significa que o conhecimento de Deus que procuramos incutir é, como Calvino disse, não "aquele conhecimento que, por se contentar com a especulação vazia, apenas circula pelo cérebro, mas o conhecimento que se torna sólido e frutífero, se o observarmos apropriadamente, e que se enraíza no coração".[28] Em outras palavras, não podemos nos contentar simplesmente em transmitir informação quando ensinamos. Não há verdadeiro conhecimento de Deus onde não há verdadeiro temor de Deus. A religião pura e real é precisamente aquela onde a fé é "unida com o sincero temor de Deus".[29] E por que é assim? Porque o Deus vivo é tão tremendamente glorioso, em todos os seus caminhos, que não pode ser conhecido sem que seja adorado. Calvino perguntou:

> Como poderia a mente ser despertada para provar a bondade divina sem que, por sua vez, também seja totalmente iluminada a amar a Deus? Pois, na verdade, essa doçura abundante que

---

28. João Calvino, Institutes, 1.5.9
29. João Calvino, Institutes, 1.2.2.

Deus reservou para aqueles que o temem não pode ser conhecida sem que, ao mesmo tempo, nos mova poderosamente.[30]

Para o pregador, isso significa que um sermão não pode ser confundido com uma simples palestra. A pregação cristã não é meramente uma explicação do texto. Os fariseus conseguiam fazer isso (com uma correção teológica que excedia a dos saduceus) e, ainda assim, permaneciam espiritualmente áridos. O pregador tem uma responsabilidade maior (uma responsabilidade que exige uma integridade mais profunda): Deus partilha o conhecimento de si mesmo, a fim de que possamos ser *contagiados*. Assim como toda teologia deveria ser doxológica, toda pregação também deveria encorajar a adoração sincera. Tal adoração sincera e temente a Deus é precisamente o que é mais essencial e realmente transformadora para o cristão, e é o que mais gera verdadeira obediência. É assim porque o amor a Deus possibilita o verdadeiro amor ao próximo (1Jo 4.7-21). A primeira tábua da lei (relativa ao culto) é a base para a segunda (relativa ao amor pelo próximo), e só nessa ordem é que a lei pode ser cumprida.[31]

Isso era algo que claramente movia Jonathan Edwards, que viveu num tempo em que a maioria das pessoas tinha, no mínimo, uma noção básica do conhecimento teórico cristão. Tal conhecimento, ele afirmava, não os torna cristãos; os

---

30. João Calvino, Institutes, 3.2.41.

31. Institutes, 2.8.11.

demônios têm esse tipo de conhecimento. Em vez disso, argumentou ele: "A verdadeira religião consiste, em grande parte, em afeições santas."[32]

Com isso ele quis dizer que o verdadeiro convertido é perceptivelmente conduzido para longe da indiferença: "O fluxo de sangue e entusiasmo vital começam a se alterar sensivelmente, passando a amar a Cristo e alegrar-se nele."[33] Edwards menciona acertadamente o amor e a alegria; mas, dado o que temos visto sobre o temor como sendo o intenso aspecto do amor e da alegria que os cristãos devem ter, ele poderia ter dito: passando a "temer". Na realidade, o tema bíblico do temor de Deus acentua o argumento de Edwards. O nosso amor por Cristo e nossa alegria nele não devem ser uma coisa morna, mas algo que nos impulsiona e nos anima.

É por isso, escreveu Edwards, que Deus ordenou pregadores:

> A impressão das realidades divinas no coração e nas afeições humanas é, sem nenhuma dúvida, o principal fim para o qual Deus ordenou que a sua Palavra comunicada nas Escrituras Sagradas fosse aberta, aplicada e tocasse o íntimo dos homens na pregação. Assim, para que o objetivo pretendido por Deus na instituição da pregação seja atingido, não basta simplesmente aos homens terem bons comentários, exposições das

---

32. Jonathan Edwards, Religious Affections, ed. John E. Smith, vol. 2 of The Works of Jonathan Edwards (New Haven, CT: Yale University Press, 1959), 95.

33. Jonathan Edwards, Religious Affections, 96.

Escrituras e outros livros de teologia; pois, conquanto tais recursos, tanto quanto a pregação, lhes proporcionem um bom entendimento doutrinário ou especulativo das questões da Palavra de Deus, em geral não costumam imprimi-las igualmente no coração e nas afeições do ser humano. Deus determinou na pregação a aplicação específica e viva da sua Palavra às pessoas, como o meio apropriado para convencer os pecadores da importância das verdades da religião, da condição desventurada em que se encontram, da necessidade de um remédio para essa situação e da glória e suficiência do remédio provido; também para despertar a mente purificada dos santos e estimular suas afeições, trazendo-lhes sempre à memória as excelências da religião e as expor diante deles tal como são, mesmo que já as conheçam e tenham pleno ensinamento delas (2Pe 1.12-13). Sobretudo para promover neles as duas afeições de que o texto fala, o amor e a alegria.[34]

Tal como Edwards entendeu, a pregação é *mais* do que sua exposição; envolve "aplicação vívida" e a intenção de "estimular as afeições", através da apresentação dos fatos do Evangelho ao povo "em suas próprias cores". Nada disso deve ser confundido com emocionalismo ou manipulação emotiva. Edwards fez uma distinção útil entre (1) as nossas paixões passageiras e superficiais, que vêm e vão de acordo com os níveis de açúcar no sangue, e (2) nossas afeições, que são assuntos profundos da

---

34. Jonathan Edwards, Religious Affections, 115–16

própria tendência do coração e suas inclinações. Ele não estava defendendo que era preciso incitar o povo; ele queria que os pregadores fizessem um trabalho muito mais significativo: apontar o evangelho aos desejos básicos e ao amor mais profundo do coração humano.

E como fazer isso? Especialmente através da apresentação da cruz, pois:

> A glória e a beleza do bendito Jeová, por si mesmas mui dignas de ser o objeto de nosso amor e admiração, são expostas no evangelho com a máxima sensibilidade concebível, uma vez que aparecem resplandecendo com todo o seu brilho no semblante do Redentor encarnado, infinitamente amoroso, manso, compassivo e agonizante (...). Assim Deus organizou e dispôs para nós no evangelho toda a história de nossa redenção e de suas gloriosas dispensações, como se tudo fora planejado propositadamente para nos alcançar no ponto mais sensível do coração e despertar nossas afeições com a maior sensibilidade e força. Que grande motivo temos, portanto, para nos humilhar até o pó, por já não sermos mais sensibilizados![35]

Se, de fato, o temor de Deus é um assunto tão essencial para a saúde dos cristãos, nós, que somos chamados a pregar, não podemos fazê-lo de tal forma a permitir a indiferença. Como

---

35. Jonathan Edwards, *Afeições Religiosas* (São Paulo: Edições Vida Nova, 2018).

já vimos, a palavra de Deus é descrita como sendo ela mesma "o temor do Senhor" (Sl 19.9): não se pode ouvi-la desatentamente. Ela não será corretamente recebida se for de maneira fria ou sem afeto. Nós, pregadores, devemos partilhar a *intenção* ardente dessa palavra, pregando de tal forma que os pecadores tremam e que os corações dos santos não se arrastem de pavor, mas tremam maravilhados.

VII
A igreja fantástica

Agora é um bom momento para pausar este livro e perguntar a si mesmo quais são os seus temores. Os nossos temores são altamente reveladores. Aquilo que você teme mostra o que você realmente ama. Tememos que nossos filhos se magoem, porque os amamos. Receamos perder os nossos empregos, porque amamos a segurança e a individualidade que eles nos proporcionam. Receamos a rejeição e a crítica, porque gostamos da aprovação. Alguns desses receios são saudáveis, outros são exagerados, e alguns revelam profunda falha em nosso caráter. Alguns dificilmente rotularíamos como temores. Aquele receio de um vazamento no telhado, o receio de ter deixado o forno ligado, coisas que causam algum desconforto mas são ansiedades tão triviais que parecem insignificantes. No entanto elas nos dizem algo.

Por isso, pergunte a si mesmo: o que meus temores dizem sobre mim e as minhas prioridades; o que eu valorizo? O que dizem sobre as coisas em que eu procuro segurança?

O que você mais teme: ser pecaminoso ou sentir algum desconforto? Teme mais a Deus ou o homem? Ser um pecador ou ser exposto perante outros como pecador?

Os nossos temores são como um eletrocardiograma, que nos mostram constantemente o estado dos nossos corações.

Então, o que acontece quando um crente é cheio do correto, saudável e filial temor de Deus? Não de uma reverência religiosa aparente, fria, morta, exterior e hipócrita; mas de um coração que treme diante da bondade, da grandeza e da glória do Redentor!

Comunhão mais profunda com Deus

A Escritura está repleta de promessas dos muitos benefícios desfrutados por aqueles que temem a Deus corretamente. "Bem-aventurado o homem que teme ao Senhor", diz o Salmo 112.1. Por que? Porque "aquele que o teme e faz o que é justo lhe é aceitável" (At 10.35). Tal pessoa é muito amada por Deus.

> Pois quanto o céu se alteia acima da terra, assim é grande a sua misericórdia para com os que o temem. (Sl 103.11)

De fato,

> Como um pai se compadece de seus filhos, assim o Senhor se compadece dos que o temem. (Sl 103.13; ver também Jz 10.16; Is 63.9)

Além disso,

> Agrada-se o Senhor dos que o temem e dos que esperam na sua misericórdia. (Sl 147.11)

Portanto, o "temor do Senhor é fonte de vida" (Pv 14.27), pois o Senhor é para eles um escudo (Sl 33.20; 34.7; 115.11); ele cumpre os seus desejos, "atende-lhes o clamor e os salva" (Sl 145.19), e derrama sobre eles a sua bondade (Sl 31.19). John Bunyan resumiu isto maravilhosamente, quando escreveu:

> Filho de Deus, tu que temes a Deus, aqui está a misericórdia perto de ti; misericórdia suficiente, misericórdia eterna para contigo. Misericórdia que dura para sempre. Durará mais do que o teu pecado, durará mais do que a tentação, durará mais do que as tuas dores, durará mais do que os teus perseguidores. É misericórdia desde a eternidade, para efetuar a tua salvação, e misericórdia para resistir eternamente todos os teus adversários. O que poderiam o inferno e a morte fazer ao que tem esta misericórdia de Deus sobre si? É assim com o homem que teme o Senhor.[1]

Aqueles que temem o Senhor conhecem a sua misericórdia, seu amor e sua compaixão. Eles sabem que são aceitos, protegidos, e que são motivo de regozijo. O temor do Senhor é, portanto, um indicador no coração sobre o nível da calorosa comunhão com Deus que o próprio Deus quer ter com seus filhos. É a disposição anelante daqueles que foram levados a conhecer e

---

1. John Bunyan, "A Treatise on the Fear of God," in The Works of John Bunyan, ed. George Offer, 3 vols. (Glasgow: W. G. Blackie & Son, 1854; repr., Edinburgh: Banner of Truth, 1991), 1:470..

a desfrutar da eterna misericórdia de Deus; e que, por isso, têm prazer naquele que neles se compraz. É a marca daqueles que foram levados à alegria e vida de Cristo, seu Salvador e que, por isso, partilham do prazer que Cristo tem no temor do Senhor. Os crentes que têm tal temor do Senhor, que conhecem a Deus e suas promessas, lamentarão a falta de oração e experimentarão uma vida de oração sincera e afetuosa. Eles desejarão conhecer melhor a Deus e desfrutar mais da doce e constante comunhão com ele.

Conhecimento e sabedoria

"O temor do Senhor é o princípio do saber", escreveu Salomão (Pv 1.7), pois o temor do Senhor dá aos crentes um conhecimento com o qual nenhum gênio natural já nasceu.

Desde que Adão e Eva comeram da árvore do conhecimento do bem e do mal, a humanidade tem buscado um tipo particular de conhecimento: o conhecimento sem Deus. Mas quanto mais procuramos esse conhecimento, mais cheios de temores nos tornamos. Trememos diante do tamanho intimidador do universo, e nos desesperamos perante a complexidade sombria do psiquismo humano. Sem Deus, mais conhecimento não tem alcançado mais felicidade e satisfação; pelo contrário, tem deixado o homem moderno à deriva, sobre um vasto mar de receios. Ao mesmo tempo, essa longa busca de conhecimento tem nos deixado profundamente ignorantes: ignorantes sobre o Criador e, como consequência, sobre a própria lógica da realidade; e ignorantes sobre quem somos e pra que existimos. Calvino escreveu:

> Aqueles que dentre os homens são os mais talentosos, são mais cegos que as toupeiras. Sem dúvida não nego que, aqui e ali, douta e aptamente se leem nos filósofos certos ditos acerca de Deus, ditos esses que, entretanto, sempre tresandam a uma imaginação um tanto estonteada. Por certo que o Senhor lhes outorgou, como acima se disse, ligeiro gosto de sua divindade, para que a impiedade não velasse com a ignorância, e por vezes os impulsionou a dizer algumas coisas pela confissão das quais fossem eles próprios convencidos, mas assim viram os fatos de tal forma que aquilo que viram não os conduzisse à verdade, muito menos a ela realmente chegassem. Exatamente como o caminhante que está no meio do campo: vê por um momento a ampla e vasta extensão, pela clareza do relâmpago noturno; mas, antes que possa mover o pé, desvanecida de repente a visão, é de novo tragado pela escuridão da noite, de sorte que bem longe está de ser conduzido pelo caminho, à mercê de ajuda. Além disso, essas gotículas de verdade com que, como que fortuitamente, borrifam seus livros, de quantas e quão portentosas falsidades têm sido manchadas! Afinal, por certo jamais nem sequer o cheiro sentiram daquela certeza da divina benevolência para conosco, sem a qual a mente do homem necessariamente se enche de desmedida confusão. Portanto, a razão humana nem se aproxima, nem se

esforça, nem sequer mira em direção a esta verdade, de sorte a entender quem seja o Deus verdadeiro, ou o que ele seja para conosco.[2]

Em contraste, o temor do Senhor traz um conhecimento que está além da compreensão de qualquer um desses grandes filósofos. Pois o temor do Senhor é precisamente essa "garantia da benevolência de Deus para conosco". No temor do Senhor se encontra o verdadeiro conhecimento de Deus, como Criador e como Redentor, como majestoso e como misericordioso. Qualquer "conhecimento de Deus" que é desprovido de tão temível e maravilhoso deslumbramento é, na verdade, cego e árido. O Deus vivo é tão maravilhoso que não pode ser verdadeiramente conhecido se ele não for cultuado e adorado de todo coração.

Há aqui um desafio particular para os que, dentre nós, amam a teologia. Os nossos estudos teológicos podem, muito facilmente, nos tornar arrogantes e nos levar a exercer domínio sobre outros. Assim, Helmut Thielicke alertou os seus alunos de teologia sobre a fase de vanglória da "puberdade teológica", pela qual muitos passam após um ou dois anos de estudos.[3] Nessa fase, por estar enfatuado com novos conceitos teológicos, o jovem teólogo se enche de um orgulho gnóstico. O seu amor

---

2. João Calvino, John Calvin, Institutes of the Christian Religion, ed. John T. McNeill, trans. Ford Lewis Battles (Louisville: Westminster John Knox, 2011), 2.2.18.

3. Helmut Thielicke, A Little Exercise for Young Theologians (Grand Rapids, MI: Eerdmans, 1996), 15 [edição em português: Helmut Thielicke, Recomendações a Jovens Teólogos (São Paulo: Edições Vida Nova, 2014).

sucumbe na emoção demoníaca de adquirir um conhecimento que lhe traga poder. E então, este conhecimento distorcido mostra a perversidade que há em seu carácter, à medida em que ele se torna um teólogo brutal e sem graciosidade, sempre ansioso por uma oportunidade de mostrar a sua destreza. E, dificilmente, nem mesmo os teólogos mais velhos estão imunes a esse mal. Nós, que amamos a teologia, precisamos lembrar que não há o verdadeiro conhecimento de Deus onde não há o temor correto a ele. O temor de Deus é o único fundamento possível sobre o qual o verdadeiro conhecimento é construído: todo o conhecimento adquirido de outra forma é falso e acabará se provando como tal.

Mas o temor do Senhor não é apenas o princípio do conhecimento *de Deus*. É, também, o início do verdadeiro conhecimento de nós mesmos. No começo das *Institutas*, Calvino escreveu que "o homem nunca é suficientemente tocado e sensibilizado pela consciência do seu estado de insignificância, até que compare a si mesmo com a majestade de Deus".[4] Somente à luz da santidade e da majestade de Deus posso compreender de fato quão débil, quão impuro e quão patético eu sou por natureza. Em outras palavras: se não temo a Deus, não tenho um verdadeiro conhecimento de mim mesmo. Sem esse temor, a minha percepção pessoal será extremamente distorcida por meu orgulho e pelas mensagens da cultura pecaminosa que me rodeia. É quando estamos mais entusiasmados com Deus e com

---

4. João Calvino, Institutes, 1.1.3.

a redenção que as nossas máscaras caem e nos enxergamos como realmente somos: criaturas, pecadores, perdoados, adotados.

O temor do Senhor é também – como é mais conhecido – o princípio da sabedoria (Pv 9.10). Ao partilhar o temor de Deus que há no próprio Cristo, e compartilhar do seu Espírito de conhecimento, sabedoria e de temor (Is 11.2), os crentes crescem em sabedoria como Cristo, à medida que crescem nesse temor. A percepção e o conhecimento que lhes são concedidos – sobre Deus, sobre si mesmos e sobre o mundo – capacita-os a caminhar pela vida sabiamente. E assim, com a palavra de Deus servindo de mapa da realidade, o temor de Deus é uma bússola para direcionar corretamente os crentes.

Agora, verdade seja dita, o temor de Deus é um guia e uma bússola muito inesperada para a sabedoria. Quando buscamos por sabedoria, instintivamente olhamos para nossa própria inteligência ou para a inteligência superior em outros. Nós lutamos para distinguir entre inteligência e sabedoria, que é algo estranho, visto que o mundo está repleto de espertos imbecis - pessoas com Q.I. elevado e com história de escolhas de vida bastante estúpidas. Bastam-lhe poucos minutos na maioria dos laboratórios científicos ou reuniões acadêmicas para que lhe digam que a mera inteligência não é um guia seguro para andar sabiamente pela vida. Precisamos do temor de Deus para guiar as nossas habilidades; pois, sem ele, todas as nossas capacidades serão causas de problemas. Considere o jovem teólogo brilhante quando está *online*; ele pode até ser tão brilhante quanto pensa que é, mas a sua habilidade descontrolada só o torna mais perigoso.

E aí reside um desafio para aqueles que são conscientes das suas próprias capacidades, e um conforto para todos os que se sentem intimidados com os talentos dos outros. Só este maravilhoso temor de Deus pode nos guiar sabiamente na vida. Esse – e não o Q.I. - é o princípio da sabedoria. Portanto, diz o Salmo 115.13:

> Ele abençoa os que temem o Senhor, tanto pequenos como grandes.

Mais que o talento, o que Deus mais abençoa é o temor a ele. O temor do Senhor torna os crentes tanto conhecedores como sábios. De fato, em assuntos essenciais - o conhecimento de Deus, de nós próprios, a natureza e a história do universo - o temor do Senhor torna os crentes mais conhecedores do que os maiores gênios, e mais sábios do que os grandes sábios.

Tornando-se semelhante a Deus

O conhecimento de Deus que o temor do Senhor traz não é um conhecimento estéril. Aqueles que temem a Deus vêm a conhecê-lo de tal forma a se tornarem de fato santos, fiéis, amorosos e misericordiosos como ele. A fidelidade de Abraão a Deus na oferta do seu filho Isaque, por exemplo, é prova de que ele temia a Deus (Gn 22.12). Pois, como um fogo no coração, o temor do Senhor tem um efeito purificador: "Pelo temor do Senhor os homens evitam o mal" (Pv 16.6; ver também Ex 20.20). Ele consome os desejos pecaminosos e alimenta os desejos santos. E a palavra "desejos" é uma palavra-chave, pois o temor do Senhor não afasta os crentes do pecado no sentido de apenas alterar o nosso comportamento por medo do castigo. Pelo contrário, leva-nos a *adorar* a Deus e, assim, a odiar o pecado e a desejarmos ser, de fato e inteiramente, como ele.

Tornar-se como Deus significa tornar-se feliz. Afinal, ele é "o Deus bendito" ou Deus feliz (1Tm 1.11). O Espírito que nos é dado é o Espírito do temor do Senhor, que nos leva a partilhar do *deleite* de Cristo no temor do Senhor (Is 11.2-3). Temer a Deus é adentrar nesta vida divina abençoada. É de se esperar que o temor de Deus possa nos tornar acabrunhados e enfadonhos, mas é bem o oposto disto. Ao contrário dos nossos temores pecaminosos, que nos tornam inquietos e sombrios, o temor de Deus tem um efeito profundamente edificante: ele nos faz felizes. E como não faria isto, se ele nos leva a conhecer este Deus? Repare, por exemplo, como "o temor do Senhor" e "o conforto do Espírito Santo" estão sempre juntos na experiência da igreja primitiva: "A igreja, na verdade, tinha paz por toda a Judeia, Galileia e Samaria, edificando-se e caminhando *no temor do Senhor, e, no conforto do Espírito Santo*, crescia em número" (At 9.31). Temer a Deus é conhecer a consolação do Espírito, e a felicidade e satisfação do próprio Cristo em Deus.

Além de nos fazer felizes, o temor do Senhor concede aos crentes um coração alargado, como o de Deus. Pense na curta e linda história do profeta Obadias, nos dias de Elias:

Partiu, pois, Elias a apresentar-se a Acabe; e a fome era extrema em Samaria. Acabe chamou a Obadias, o mordomo. (Obadias temia muito ao Senhor, porque, quando Jezabel exterminava os profetas do Senhor, Obadias tomou cem profetas, e de cinquenta em cinquenta os escondeu numa cova, e os sustentou com pão e água.) (1Rs 18.2-4)

Ao invés de fazer de Obadias alguém preocupado consigo mesmo e indiferente, o temor de Deus o tornou profundamente generoso e compassivo para com os profetas que estavam necessitados e sendo caçados. Ter o temor do Senhor é precisamente o oposto de ter um coração endurecido. De fato, Provérbios 28.14 contrasta deliberadamente os dois:

> Feliz o homem constante no temor de Deus; mas o que endurece o coração cairá no mal.

Essa suavidade e grandeza de coração para com os outros é, na realidade, o transbordamento de um amor anterior: a nossa ternura e afeição para com Deus. Isto significa que aqueles que temem a Deus – e agora uso outra palavra muito mal compreendida – têm um ciúme por Deus. Charles Spurgeon esclareceu:

> Esta é uma das verdades mais solenes da Bíblia: "O Senhor teu Deus é um Deus que tem ciúmes." É para sabermos disto, pois um grande amor tem sempre aquele vizinho muito perigoso morando não muito distante – o ciúme. Aqueles que

não amam não têm ódio nem ciúmes; mas onde há um amor intenso e infinito, como o que reluz no seio de Deus, também há ciúmes.[5]

Tal ciúme, que é correto, não deve ser confundido com o ciúme egoísta: é um amor que não se desprende do amado nem se contenta com substitutos. Como Deus Pai tem ciúmes do seu Filho amado, e como Cristo tem ciúmes de sua noiva, a igreja, assim também aqueles que temem a Deus têm em si mesmo um ciúme amoroso por Deus. Estes ficam com ciúmes da mesma forma que ele tem ciúmes. Por adorá-lo, eles não toleram que a glória dele seja diminuída ou subtraída, por ídolos ou por pessoas. O ensino falso os perturba; não porque contradiz as suas opiniões, mas porque se opõe a Deus. A justiça própria torna-se repugnante para eles, porque ela rouba a glória de sua graça.

Então, a partir desse apreço sensível por Deus, em toda a sua glória, cresce outra qualidade semelhante à de Cristo: a humildade. "Não te ensoberbeças, mas teme", escreveu Paulo (Rm 11.20); pois tremer em admiração a Deus impede que se confie em si mesmo. É a chave para a verdadeira humildade, que não se trata de menosprezar a si próprio, ou de não pensar em si mesmo, mas trata-se de maravilhar-se mais com Deus. Um temor a Deus, que seja verdadeiro e satisfatório,

---

5. Charles H. Spurgeon, "Godly Fear and Its Goodly Consequence", em *The Metropolitan Tabernacle Pulpit Sermons,* 63 vols. (London: Passmore & Alabaster, 1855–1917), 22:233.

simplesmente eclipsa a nós mesmos. Em outras palavras, esse é *o* antídoto ao orgulho e à falta de oração que brota do orgulho. Quando Deus é tão maravilhoso aos nossos olhos que nos regozijamos e trememos, não temos como deixar de louvá-lo e de nos lançarmos nele em oração fervorosa e total dependência. Não seremos grandes aos nossos próprios olhos, nem autodependentes. Não só isso, mas esse temor nos eleva e nos une como igreja. À luz da magnificência misericordiosa de Deus, vemos a nós mesmos na posição de meras criaturas e pecadores perante ele. Esse temor não admite qualquer vanglória perante Deus e, assim, não há lugar para uma elite ou segunda classe de pessoas na igreja. Visto que esse temor é repleto de adoração tão cheia de amor, ele também une todos os que estão sob a mesma posição perante Deus. O temor nos coloca juntos, em calorosa e humilde comunhão de um amor compartilhado.

No temor há alegria, amor, humildade e ciúmes por Deus; o correto temor de Deus faz a diferença: em vez da religiosidade vazia e diabólica, com o temor a vida do cristão é bela e semelhante a Cristo. Também faz a diferença entre ministérios que são superficiais, possessivos e profissionalizados, e aqueles em que se empregam suas vidas com integridade de prazer e satisfação.

Encontrando força

No livro *A Guerra Santa*, uma história alegórica sobre o cerco da cidade de Mansoul, John Bunyan apresenta aos seus leitores o Sr. Temor-Piedoso, um homem de "coragem, conduta e valor".[6] O Sr. Temor-Piedoso encarnou a convicção de Bunyan de que o temor do Senhor dá força aos crentes, especialmente diante de ansiedades e do temor do homem. John Flavel concordou e escreveu que "a pessoa carnal teme o homem, não a Deus; o cristão forte teme a Deus, não o homem; o cristão fraco teme muito o homem, e muito pouco a Deus".[7]

Hoje em dia, não costumamos falar muito sobre "o temor do homem". Nós damos outros nomes a isso: agradar pessoas, pressão do grupo ou codependência. Alguns sinais clássicos disso podem ser vistos no excesso de compromisso que há em nossa falta de habilidade para dizer não, nas questões de nossa autoestima e na sensibilidade excessiva aos comentários, opiniões, e comportamento dos outros. E seria, ainda, preciso mencionar o nosso medo pelo evangelismo?

Atualmente, a codependência é vista como um problema tão grande que produziu toda uma indústria terapêutica e ganhou milhões em livros de psicologia "pop" distribuídos pelos aeroportos. A cultura ocidental tem entendido que a baixa autoestima é a raiz de todos os nossos problemas emocionais, o que causa uma estagnação na vida. Assim, a receita normal para construir a autovalorização quanto a opinião dos

---

6. John Bunyan, John Bunyan, "The Holy War," in The Works of John Bunyan, 3:351 [edição em português: A Guerra Santa (São Paulo: Editora Ágape, 2017).]

7. John Flavel, "A Practical Treatise on Fear", em *The Whole Works of John Flavel*, vol.3 (London W. Baynes and Son, 1820), 241.

outros é amar mais a si mesmo; é amar-se tanto que pouco importa o que os outros pensam. Em outras palavras, trate a doença do narcisismo com mais narcisismo. Não é surpresa; estamos vivendo contra a corrente do filósofo do início do século 19, Hegel, a respeito de quem foi dito: "A única verdadeira culpa de Hegel foi que ele confundiu a si mesmo com o último juiz, mas isso foi uma falha e tanto."[8] Porém, o que é claramente surpreendente para a cultura é que a cura não funciona. Buscar reforçar a nossa autoestima tornando-nos *mais* autorreferentes e *mais* autoconscientes, só tem nos tornado mais vulneráveis e ultrassensíveis.

De acordo com a Escritura, esse voltar-se para dentro de nós mesmos é precisamente o nosso problema, não a solução. De fato, isto é o próprio batimento cardíaco do pecado, como Martinho Lutero conhecidamente argumentou ao dizer que a Escritura "descreve o homem como um ser de tal forma voltado a si mesmo que não usa somente as coisas físicas mas, também, as coisas espirituais para seus propósitos e em todas as coisas procura apenas a si mesmo".[9] Ter mais amor-próprio, mais autoconfiança, ou confiança no homem nunca aliviará os nossos temores; o alívio de temores de ansiedade é para aqueles que temem e confiam no Senhor.

---

8. Robert W. Jenson, *The Knowledge of Things Hoped For: The Sense of Theological Discourse* (Oxford: Oxford University Press, 1969), 233.

9. Martinho Lutero, *Luther's Works*, vol. 25, Lectures on Romans, ed. Jaroslav Jan Pelikan, Hilton C. Oswald, e Helmut T. Lehmann (St. Louis, MO: Concordia, 1999), 345.

> Assim diz o Senhor: Maldito o homem que confia no homem, faz da carne mortal o seu braço e aparta o seu coração do Senhor! Porque será como o arbusto solitário no deserto e não verá quando vier o bem; antes, morará nos lugares secos do deserto, na terra salgada e inabitável. Bendito o homem que confia no Senhor e cuja esperança é o Senhor. Porque ele é como a árvore plantada junto às águas, que estende as suas raízes para o ribeiro e não receia quando vem o calor, mas a sua folha fica verde; e, no ano de sequidão, não se perturba, nem deixa de dar fruto.
>
> (Jr 17.5–8)

A própria experiência de Lutero, ao enfrentar coisas terríveis que poderiam acontecer, foi que o temor do Senhor era o seu remédio para superar seus outros temores. Na Dieta de Worms, em 1521, na noite anterior de enfrentar o imperador e uma possível sentença de morte, os seus amigos o exortaram "a ser corajoso, agir varonilmente e não temer aqueles que podem matar o corpo mas não podem matar a alma; antes, temer aquele que pode fazer perecer no inferno tanto a alma como o corpo (Mt 10.28)".[10] No dia seguinte, ele declararia a famosa frase: "Estou preso às Escrituras que citei e a minha consciência é cativa da Palavra de Deus. Não posso retratar-me, e não me

---

10. Martinho Lutero, Luther's Works, vol.32, Career of the Reformer II, ed. Jaroslav Jan Pelikan, Hilton C. Oswald, e Helmut T. Lehmann (St. Louis, MO: Concordia, 1999), 108.

retratarei de coisa alguma."[11] Imediatamente antes disso, porém, ele explicou ao imperador a sua motivação:

> Devemos pensar quão maravilhoso e terrível é o nosso Deus nos seus conselhos, para que de maneira alguma a tentativa de resolver conflitos se torne em um intolerável dilúvio de males, se começarmos por condenar a Palavra de Deus (...). Por conseguinte, devemos temer a Deus.[12]

Essa também parece ter sido a lição aprendida pelo Apóstolo Pedro. Claramente, Pedro lutou com o medo dos homens, traindo a Cristo três vezes na noite anterior à crucificação e, mais tarde, ao trair o evangelho em Antioquia, "temendo os da circuncisão" (Gl 2.12). Os leitores da sua primeira carta presumivelmente sabiam de tudo isso. E assim, com uma humildade característica, ele compartilhou a sabedoria que ele próprio havia aprendido: "Ainda que venhais a sofrer por causa da justiça, bem-aventurados sois. Não vos amedronteis, portanto, com as suas ameaças, nem fiqueis alarmados; antes, santificai a Cristo, como Senhor, em vosso coração" (1Pe 3.14–15).

Então *como* pode o temor do Senhor nos libertar das nossas ansiedades e do temor do homem? Essencialmente, ele atua como a vara de Arão, que engoliu as varas dos magos Egípcios. Conforme o temor do Senhor aumenta, ele sobrepuja, eclipsa,

---

11. Martinho Lutero, *Luther's Works*, 32:112.
12. Martinho Lutero, *Luther's Works*, 32:111-12.

consome e destrói todos os temores rivais. Assim, o Senhor aconselhou Isaías:

> Não chameis conjuração a tudo quanto este povo chama conjuração; *não temais o que ele teme*, nem tomeis isso por temível. Ao Senhor dos Exércitos, a ele santificai; *seja ele o vosso temor*, seja ele o vosso espanto. (Is 8.12-13)

Quando o temor do Senhor se torna central e mais importante, os outros temores diminuem. Da mesma forma, Josué exortou os israelitas antes de entrar em Canaã: "Não temais o povo dessa terra, porquanto, como pão, os podemos devorar; retirou-se deles o seu amparo; o Senhor é conosco; não os temais" (Nm 14.9). E Jesus oferece conselho muito semelhante no Sermão da Montanha. Ao dizer aos seus discípulos para não se preocuparem, ele voltou os olhos deles de suas preocupações para o reino de Deus:

> Portanto, não vos inquieteis, dizendo: Que comeremos? Que beberemos? Ou: Com que nos vestiremos? Porque os gentios é que procuram todas estas coisas; pois vosso Pai celeste sabe que necessitais de todas elas; buscai, pois, em primeiro lugar, o seu reino e a sua justiça, e todas estas coisas vos serão acrescentadas. (Mt 6.31-33)

Com isso, Jesus não está meramente distraindo os seus discípulos de suas preocupações, como um pai que acena um brinquedo quando a criança chora. Ele está redirecionando a perspectiva deles. Pois os nossos temores agem como uma cegueira, como um nevoeiro que desorienta, impedindo-nos de ver qualquer outra coisa. Então, Jesus coloca Deus e o seu reino como o sol, no céu da sua perspectiva, ambos acima de tudo e *iluminando* tudo.

Para ser claro, o temor do Senhor não eclipsa e consome outros temores simplesmente porque vejo que Deus é maior do que as outras coisas que temo; embora isso certamente aconteça. O temor prazeroso do misericordioso Redentor ajuda quanto a isso, tanto quanto o temor de assombro pelo Criador. É beleza que mata a fera furiosa da ansiedade. Veja, por exemplo, como no Salmo 27 Davi fala da "luz" e da "salvação" do Senhor como o bálsamo para os seus receios. Ao descrever o Senhor como sua fortaleza, seu refúgio e alegria, Davi concentra-se na beleza do Senhor:

> O Senhor é a minha luz e a minha salvação; de quem terei medo? O Senhor é a fortaleza da minha vida; a quem temerei? Quando malfeitores me sobrevêm para me destruir, meus opressores e inimigos, eles é que tropeçam e caem. Ainda que um exército se acampe contra mim, não se atemorizará o meu coração; e, se estourar contra mim a guerra, ainda assim terei confiança. Uma coisa peço ao Senhor, e a buscarei: que eu possa morar na Casa do Senhor todos os dias da minha vida, para contemplar a beleza do Senhor e meditar no seu templo. Pois, no dia da adversidade, ele me ocultará no seu pavilhão; no recôndito do seu tabernáculo, me acolherá; elevar-me-á

sobre uma rocha. Agora, será exaltada a minha cabeça acima dos inimigos que me cercam. No seu tabernáculo, oferecerei sacrifício de júbilo; cantarei e salmodiarei ao Senhor. (Sl 27.1-6)

Aqui está a verdade para todo cristão que precisa de força para se erguer de suas ansiedades, ou que precisa de força para buscar viver em retidão, mesmo que isso seja impopular. O temor do Senhor é o único temor que *concede* força. Esta é uma verdade especialmente vital para os que são chamados a alguma forma de liderança; pois, a força conferida por esse temor é, singularmente, uma força *humilde*. Aqueles que temem a Deus são simultaneamente humilhados *e* fortalecidos perante a sua beleza e magnificência. Assim, permanecem gentis e preservados de serem arrogantes em sua força. Significativamente, Pedro põe lado a lado "gentileza" e "temor" ("respeito", φόβος [fobos]) em 1Pe 3.15. O temor do Senhor é, então, o remédio que Lutero viu para o que, em seu entender, são as duas principais falhas dos pastores:

> Mas chamemos estas duas falhas pelo nome: fraqueza e rigidez. Quanto à primeira, Zacarias 11.17 diz: "Ai do pastor inútil, que abandona o rebanho." A respeito da última, Ezequiel 34.4 diz: "dominais sobre elas com rigor e dureza." Essas são as duas falhas principais, das quais decorrem todos os erros dos pastores.[13]

---

13. Martinho Lutero, *Luther's Works*, 25:139.

A igreja fantástica

Pastores ou não, todos somos impetuosamente inclinados a pender para um lado ou para o outro. Alguns são como rinocerontes: fortes e de pele grossa, mas não gentis. Outros são mais como a gazela: doces e gentis; mas, também, nervosos e inconstantes. O temor do Senhor corrige e embeleza ambos os temperamentos, dando aos crentes uma força gentil. Isto os torna como Cristo - simultaneamente como cordeiros e como leões. A história da Igreja testemunha como o temor de Deus pode moldar tais crentes. Tanto João Calvino como Charles Spurgeon, por exemplo, confessaram a sua inclinação natural de serem tímidos e temidos . No entanto, ao crescerem no temor de Deus, tornaram-se leões gentis e semelhantes a cordeiros na causa do evangelho. É evidente que Spurgeon estava transmitindo uma lição que ele próprio havia aprendido, ao partilhar com sua congregação esta história do reformador inglês Hugh Latimer:

> Foi um feito corajoso do velho Hugh Latimer, quando pregou perante Henrique, o Oitavo. Era o costume do pregador do Tribunal presentear ao rei algo no seu aniversário, e Latimer presenteou Henrique VIII com um lenço de bolso, com este texto escrito no canto: "Frequentadores de bordeis e adúlteros, Deus os julgará"; um texto muito adequado para o sincero e grosseiro Henrique. E depois pregou um sermão perante a sua graciosa majestade contra os pecados da luxúria, e entregou-se a isto com uma força tremenda, sem esquecer nem abreviar as aplicações pessoais. E o rei lhe disse que na próxima vez que pregasse, que seria no domingo seguinte, ele deveria pedir

desculpas, pois o rei faria com que ele construísse o seu sermão de tal forma que engoliria as suas próprias palavras. Latimer agradeceu ao rei por tê-lo deixado sair tão facilmente. Quando chegou o domingo seguinte, ele levantou-se no púlpito e disse: "Hugh Latimer, neste dia tu pregarás perante o alto e poderoso príncipe Henrique, Rei da Grã-Bretanha e França. Se disseres uma única palavra que desagrade a sua majestade, ele te arrancará a cabeça; por isso, tem cuidado com o que estás a fazer." Mas, então, também disse ele: "Hugh Latimer, neste dia tu pregarás perante o Senhor Deus, todo-poderoso, que é capaz de lançar tanto o corpo quanto a alma no inferno; portanto, dize a verdade ao rei." E assim o fez. O seu desempenho foi igual à sua resolução. No entanto, o rei não lhe arrancou a cabeça, respeitou-o ainda mais. O temor do Senhor deu-lhe forte confiança, como será com qualquer um que seja firme em seu caráter. "Temei-o, vós santos, e então nada mais tereis a temer."[14]

A batalha dos temores na vida cristã

Uma vez que o temor é uma questão do coração, reorientar os nossos temores não é tarefa fácil e rápida. Temos um inimigo cujo objetivo malévolo é nos deixar com medo de Deus e de tudo o mais que nos faz calar e tremer. Mas, reorientar os nossos temores e afeições é uma batalha diária a qual devemos aderir,

---

14. Charles H. Spurgeon, "Godly Fear and Its Goodly Consequence", em *The Metropolitan Tabernacle Pulpit Sermons,* 63 vols. (London: Passmore & Alabaster, 1855–1917), 237.

como um dever e com alegria. William Bates explica porque é um dever:

> Assim como um trono não suporta rivais, considere que o temor, que é uma homenagem e tributo que devemos prestar apenas ao sóberano Criador do mundo, não deve ser direcionado à criatura. Aquele que teme imoderadamente a criatura, destrona Deus e endeusa o homem. Não é nada menos que sacrilégio alienar de Deus as nossas afeições; e não é menos do que idolatria colocar os nossos afetos de forma desordenada sobre a criatura.[15]

Fomos feitos para colocar nosso afeto mais intenso sobre Deus, e estaremos fora da realidade se a pusermos noutro lugar. Assim, quando se presta adoração a qualquer pessoa ou a qualquer outra coisa, Deus é roubado de seu direito, e nós destituídos de nossa felicidade. Mas Bates prossegue (em palavras muito incômodas) argumentando que o erro de trocar o objeto de nosso temor tem uma trajetória aterradora:

> Considere o seguinte: este temor imoderado da criatura é a raiz da apostasia. O homem que assim procede prefere salvar a sua vida do que a sua alma; tal pessoa dispõe a sua fé à mercê de quem ameaça matá-lo; pois esta é a máxima: "Aquele que

---

15. William Bates, "On the Fear of God", em *The Whole Works of the Rev. W. Bates*, vol.3 (London: James Black, 1815), 223.

é covarde será também um apóstata." Tal homem não teme a Deus, não ousa morrer por ele. O homem que não vive acima do amor pela vida e acima do medo da morte nunca será um mártir, nunca resistirá a nada em favor de Deus; portanto, tal pessoa está no grau muito próximo de um apóstata.[16]

Bates traçou dois caminhos diferentes: o caminho para o céu, que é um caminho de crescimento em temor filial que adora a Deus; e o caminho para o inferno, que é um caminho descendente, com crescentes ansiedades e terrores. Isso significa que os nossos medos pecaminosos não podem ser alimentados nem deixados a apodrecer: temos de combater o medo com o temor.

Porém, essa luta não é apenas um dever mas, também, uma alegria. Se nos entregarmos a um temor pecaminoso em relação a Deus, em culpa nos distanciaremos dele e não desfrutaremos de toda a sua bondade. Se nos entregarmos ao temor do homem, feneceremos diante de cada crítica e ficaremos incapazes de desfrutar de uma verdadeira comunhão; precisamente o que o nosso inimigo intentará. Assim como o correto e adequado temor de Deus é nutrido pela verdade, os temores pecaminosos crescem em um leito de mentiras de Satanás. Disse Bunyan:

> Satanás sempre se adianta muito ou se atrasa demais. Se ele quer que os homens acreditem serem filhos de Deus, ele faz

---

16. William Bates, "On the Fear of God", 223.

com que acreditem nisso enquanto ainda são escravos; isto é, escravos dele e de suas próprias luxúrias. Se ele quer que acreditem serem escravos, ele o faz quando eles já são filhos e receberam o espírito de adoção e, através disto, o testemunho de sua prévia filiação. Esse mal está enraizado em sua própria natureza; "ele é mentiroso, e o pai da mentira"; e suas mentiras não são conhecidas dos santos mais do que neste aspecto: que ele sempre trabalha para contradizer o trabalho e a ordem do Espírito da verdade (João 8).[17]

As mentiras de Satanás podem roubar dos crentes o seu temor filial e deixá-los com um medo intenso de Deus e um coração dividido, em vez de uma verdadeira comunhão com ele. Devemos combater isso com a verdade que lança fora a ansiedade. Ao campo de batalha dos nossos corações atribulados devemos enviar as promessas de Deus; pois, a palavra que produz o correto temor de Deus (Sl 19.7-9) produz, também, a liberdade (Tg 1.25). Estando seguros em Cristo, testificamos novamente a nós mesmos que o todo-poderoso é o nosso Redentor compassivo e Pai amoroso; que ele é capaz e está disposto e próximo de nós quando o chamarmos. Que nos lembremos:

> Justo é o Senhor em todos os seus caminhos, benigno em todas as suas obras. Perto está o Senhor de todos os que o

---

17. John Bunyan, "A Treatise on the Fear of God," 453.

invocam, de todos os que o invocam em verdade. Ele acode à vontade dos que o temem; atende-lhes o clamor e os salva. (Sl 145.17-19)

Diante da nossa cultura de ansiedade, ter este correto temor de Deus embelezará e atestará a realidade do evangelho que proclamamos. E assim, tornaremos mentirosa a firmação ateísta de que, se nos livrarmos do temor de Deus, isso produzirá uma cultura livre de temores. Será exatamente o contrário: podemos mostrar que este temor - que é prazeroso, e não desagradável - é precisamente o que nos pode libertar das ansiedades que agora inundam a nossa crescente cultura ocidental pós-cristã.

COMPARTILHANDO O TEMOR DE DEUS

O livro de Cânticos de Salomão traz um belo ensino para nós. Jonathan Edwards argumentou que o próprio título *Cântico dos cânticos* estabelece uma grande expectativa quanto ao seu conteúdo:

> O nome pelo qual Salomão chama este cântico nos confirma que há nele mais do que uma canção de amor qualquer, e que tem o propósito de ser um cântico divino, com autoridade divina, pois lemos em 1 Reis 4.32 que ele "compôs três mil provérbios, e foram os seus cânticos mil e cinco". A este ele chama de "Cântico dos cânticos" (Ct 1.1), ou seja, o mais excelente de todos os seus cânticos, e a razão me parece, muito provavelmente, por ser uma canção sobre o mais excelente

tema, tratando do amor, união e comunhão entre Cristo e sua esposa, diante do qual o casamento e o amor conjugal são apenas uma sombra.[18]

Cântico dos cânticos tem duas personagens principais: o amado e a sua amada. O amado é um rei e pastor de ovelhas, como Davi (Ct 1.4-7); mas ele é o Filho de Davi (Ct 3.7). Ele está à porta e bate (Ct 5.2–3). A sua carruagem, no capítulo 3, parece-se com o tabernáculo e com o templo; e, como o Senhor, no êxodo, ele vem do deserto como um pilar de fumaça (Ct 3.6), totalmente perfumado com os aromas do templo. O amado é descrito como semelhante a Israel no êxodo, vindo do deserto e apoiando-se em sua amada (Ct 8.5). Assim como Israel em Isaías 5.1-7, ela é repetidamente comparada a uma vinha e a Jerusalém (Ct 8.10-12). Ao mesmo tempo que ela é sua noiva, ela é também sua irmã (Ct 4.9): Cristo é o noivo da igreja e seu irmão; mas, dado o tabu de casar-se com a irmã, em Levítico 18.9, parece muito improvável que isto seja uma descrição de um romance judaico.[19]

Os amantes comuns são separados pela morte, mas o amor desses amantes é tão forte como a morte. Nem mesmo as muitas águas podem afogá-lo (Ct 8.6–7). Tudo faz parecer com que

---

18. Jonathan Edwards, "Notes on Scripture", ed. Stephen J. Stein, vol.15 de *Works of Jonathan Edwards* (New Haven, CT: Yale University Press, 1998), 92n147.

19. Este parágrafo, e o próximo, foram extraídos de meu prefácio a Richard Sibbes, *The Love of Christ: Expository Sermons on the Verses from Song of Solomon Chapters 4–6* (Edinburgh: Banner of Truth, 2011).

o *Cântico dos cânticos* esteja descrevendo a história singular do amor entre Cristo e a igreja. E é impressionante a semelhança geral do livro com o Salmo 45, citado no Novo Testamento com referência a Cristo. Não é, pois, de admirar que o livro de Cânticos, assim como o Apocalipse, termine com a noiva a chamar: "Vem!" Nesse contexto, o noivo faz uma declaração atrativa sobre a noiva:

> Formosa és, querida minha, como Tirza, aprazível como Jerusalém, formidável como um exército com bandeiras (...). Quem é esta que aparece como a alva do dia, formosa como a lua, pura como o sol, formidável como um exército com bandeiras? (Ct 6.4-10)

A noiva é como um exército. Ela é brilhante como o sol, com a beleza refletida da lua. De jovem tímida e envergonhada que conhecemos no capítulo 1 (Ct 1.5-7), ela se tornou esplendorosa. Como o rosto de Moisés refletia a glória do Senhor, a igreja reflete a deslumbrante magnificência do noivo. Sabemos pelo Apóstolo Paulo que, pelo Espírito, os crentes são transformados na imagem de Cristo "de glória em glória" (2Co 3.18). Mas o que lemos no livro de Cânticos descreve que esta transformação é um crescimento no reflexo de sua grandiosidade.

Sendo guiada pelo Espírito à conformidade com Cristo, a igreja passa a exibir ao mundo aspectos do temor divino em santidade, bem-aventurança, felicidade, plenitude e beleza. Assim, a igreja brilha como a lua na escuridão, causando tanto a admiração quanto o pavor. Os crentes tornam-se como "as pessoas tocáveis do céu", mencionadas em *O Grande Divórcio* de Lewis: a sua integridade e sua amável alegria são temíveis para alguns. Esta combinação é profundamente fascinante e inexplicável; mas, ao mesmo tempo, perturbadora para os incrédulos, pois expõe a sua murmuração pervertida. No temor de Deus, os crentes se tornam, assim como seu Deus, abençoados e maravilhosamente temíveis.

VIII
Eterno êxtase

NA PRESENÇA DO SENHOR, todos tremem. Diante dele, Abraão, Josué, Davi, Ezequiel, Daniel, Paulo e João caíram com o rosto em terra (Gn 17.3; Js 5.14; 1Cr 21.16; Ez 1.28; Dn 8.17; At 9.4; Ap 1.17). Ao se verem debaixo da grandiosidade da glória de Deus, as pessoas ficam em grande espanto, chegando a pensar que vão morrer (Jz 13.20-22). Mas não são apenas as pessoas que tremem. Na visão de Isaías, do Senhor entronizado no templo, "as bases do limiar se moveram à voz do que clamava" (Is 6.4). E não para aí. Em sua aparição:

> Os montes tremem perante ele, e os outeiros se derretem; e a terra se levanta diante dele, sim, o mundo e todos os que nele habitam. (Na 1.5)

> Com só olhar para a terra, ele a faz tremer; toca as montanhas, e elas fumegam. (Sl 104.32)

Não é de surpreender, então, que todas as coisas se abalem e tremam com a segunda vinda de Cristo. No Sinai "a sua voz fez tremer a terra, mas agora ele prometeu: 'Ainda uma vez por todas, farei abalar não só a terra, mas também o céu'" (Hb. 12:26). Mas que tremor é esse, que vai tomar conta do universo? Em relação aos céus e a terra, é claramente um tremor de exultação. Assim, quando Davi trouxe a Jerusalém a arca, que representava o trono de Deus, ele cantou a respeito do dia que esse evento prefigurava:

> Tremei diante dele, todas as terras, pois ele firmou o mundo para que não se abale. Alegrem-se os céus, e a terra exulte; diga-se entre as nações: Reina o Senhor. Ruja o mar e a sua plenitude; folgue o campo e tudo o que nele há. Regozijem-se as árvores do bosque na presença do Senhor, porque vem a julgar a terra. Rendei graças ao Senhor, porque ele é bom; porque a sua misericórdia dura para sempre. (1Cr 16.30-34; veja também Sl 96.11-13)

A terra treme de prazer, porque une sua alegria com o regozijo dos crentes, conquanto o temor filial destes cresce em prazer na presença do seu Deus.

> A ardente expectativa da criação aguarda a revelação dos filhos de Deus. Pois a criação está sujeita à vaidade, não voluntariamente, mas por causa daquele que a sujeitou, na esperança de que a própria criação será redimida do cativeiro da corrupção,

para a liberdade da glória dos filhos de Deus. Porque sabemos que toda a criação, a um só tempo, geme e suporta angústias até agora. (Rm 8.19-22)

Em certa ocasião, "a glória do Senhor encheu a casa", e quando os filhos de Israel viram "a glória do Senhor sobre a casa, se encurvaram com o rosto em terra sobre o pavimento, e adoraram, e louvaram o Senhor, porque é bom, porque a sua misericórdia dura para sempre" (2Cr 7.1-3). Mas no dia final, a glória do Senhor encherá toda a terra, e o seu povo se prostrará maravilhado em temor, com deleite e louvor.

No entanto, ao mesmo tempo, diante da mesma aparição do Senhor em glória, o medo pecaminoso dos incrédulos vai aumentar e se tornar em pavor horrível, enquanto se escondem "nas cavernas e nos penhascos dos montes" e dirão "aos montes e aos rochedos: 'Caí sobre nós e escondei-nos da face daquele que se assenta no trono e da ira do Cordeiro, porque chegou o grande Dia da ira deles; e quem é que pode suster-se?'" (Ap. 6:15-17). Enquanto que a aparição final do Senhor em glória enche os crentes de um alegre temor do Redentor, enche os incrédulos de um novo nível de pavor pelo Juiz.

Esse dia irá inaugurar uma nova era em que tanto os medos pecaminosos dos incrédulos quanto o temor correto dos crentes aumentarão. Ambos os tipos de temor atingirão seu clímax e se tornarão em estados eternos – de um lado um êxtase de terror, por outro um êxtase de prazer.

O inferno é um mundo de medo

O inferno - o destino de todos os incrédulos - será um lugar horrível. A morte é "o rei dos terrores" (Jó 18.14), e o inferno será o lugar da morte eterna. Será a derradeira fossa para todos os medos pecaminosos, agitada pelo pavor em comum quanto à santidade. Ali, assim como os demônios que creem e treme (Tg 2.19), os seus ocupantes odiarão a Deus e a luz reveladora de sua glória. Diante dele, todo coração desmaia, todas as mãos se afrouxam, todo espírito se angustia e todos os joelhos se desfazem em água (Ez 21.7). Tal como os reis da terra clamarão às montanhas e rochas: "caí sobre nós e escondei-nos da face daquele que se assenta no trono" (Ap 6.16), assim também no inferno eles irão desejar se esconder. "Horrível coisa é cair nas mãos do Deus vivo" (Hb 10.31); e assim será com todos os que estiverem no inferno, os quais nunca se voltaram para Deus. Eles serão como os pecadores aterrorizados de Sião, conforme a descrição de Isaías:

> O tremor se apodera dos ímpios; e eles perguntam: Quem dentre nós habitará com o fogo devorador? Quem dentre nós habitará com chamas eternas? (Is 33.14)

O pecado primeiro fez do mundo um lugar cheio de medo, e o inferno é o seu ponto culminante: um lugar de temores não aliviados e onde o medo pecaminoso vem a piorar.

O CÉU É UM MUNDO DE TEMOR

Em 1738, Jonathan Edwards pregou uma série de sermões em 1 Coríntios 13, concluindo com esta observação: "O céu é um mundo de amor."[1] Ele poderia igualmente ter dito que o céu é um mundo de temor, pois o amor que ele descreveu é de alegria cheia de temor, êxtase e maravilha. Os santos ali, disse ele, serão "como uma chama de fogo e amor".[2] Enquanto que o inferno é o esgoto terrível de todos os medos pecaminosos, o céu é o paraíso do temor *filial*, o qual é prazeroso, irrestrito e completo.

Neste exato momento, o paraíso é o lar desse feliz temor. "As colunas do céu tremem" (Jó 26.11). Por quê? Porque é o lugar de morada daquele que é "o Temor":

> O Deus sobremodo tremendo na assembleia dos santos e temível sobre todos os que o rodeiam. (Sl 89.7)

Ali, os "santos" deleitam-se em temê-lo, pois veem-no claramente. Eles tremem diante dele como o Criador:

> Dominas a fúria do mar; quando as suas ondas se levantam, tu as amainas. Calcaste a Raabe, como um ferido de morte; com o teu poderoso braço dispersaste os teus inimigos. Teus são os céus, tua, a terra; o mundo e a sua plenitude, tu os fundaste. (Sl 89.9-11)

---

1. Jonathan Edwards, Jonathan Edwards, "Charity and Its Fruits," in Ethical Writings, ed. Paul Ramsay, vol. 8 of The Works of Jonathan Edwards (New Haven, CT: Yale University Press, 1989), 366-97 [edição em português: Caridade e Seus Frutos (São José dos Campos: Editora Fiel, 2018)].

2. Jonathan Edwards, "Charity and Its Fruits," 379.

Mas os "santos" também olham mais profundamente para a sua santidade, para ver o caráter por detrás da sua onipotência criativa. Deleitam-se nele como o amoroso Redentor:

> Justiça e direito são o fundamento do teu trono; graça e verdade te precedem. Bem-aventurado o povo que conhece os vivas de júbilo, que anda, ó Senhor, na luz da tua presença. Em teu nome, de contínuo se alegra e na tua justiça se exalta, porquanto tu és a glória de sua força; no teu favor avulta o nosso poder. Pois ao Senhor pertence o nosso escudo, e ao Santo de Israel, o nosso rei. (Sl 89.14-18)

No céu eles clamam:

> Tu és digno, Senhor e Deus nosso, de receber a glória, a honra e o poder, porque todas as coisas tu criaste, sim, por causa da tua vontade vieram a existir e foram criadas. (Ap 4.11)

E proclamam:

Digno é o Cordeiro que foi morto de receber o poder, e riqueza, e sabedoria, e força, e honra, e glória, e louvor. (Ap 5.12)

E quem são estes adoradores que habitam o céu? Primeiramente, são os anjos (embora os santos se juntem aos seus louvores). Agora, vale a pena tomar um momento para olhar para a adoração cheia de temor dos anjos a Deus; pois, no céu, eles servem de modelo de como Deus deve ser adorado. No céu, os anjos são chamados a adorar a Deus (Hb 1.6) e o fazem com zelo e fervor, prostrando-se sobre os seus rostos diante do trono (Ap 4.10; 7.11; 11.16). Em Isaías 6, os serafins voam acima do trono do Senhor, clamando:

> Santo, Santo, Santo é o Senhor dos Exércitos; toda a terra está cheia da sua glória. (Is 6.3)

Com duas asas cobrem as suas faces; presumivelmente, para os proteger da grandiosa visão da glória revelada de Deus. A palavra *seraph* deriva do verbo hebraico שׂרף (*sarap*, "queimar"), sugerindo que eles ardem com um amor santo - a chama do Senhor (Ct 8.6). Esta hoste celestial deleita-se no Deus em cuja presença há plenitude de alegria (Sl 16.11) e tem prazer em seus atos poderosos. No nascimento de Cristo, eles irrompem em louvor e entoam:

> Glória a Deus nas maiores alturas, e paz na terra entre os homens, a quem ele quer bem. (Lc 2.14)

E na criação:

> (...) as estrelas da alva, juntas, alegremente cantavam,
> e rejubilavam todos os filhos de Deus. (Jó 38.7)

Esse último verso é apenas um dos exemplos da forte ligação na Escritura entre estrelas e anjos e, na realidade, reforça como os anjos (ou "filhos de Deus") modelam para nós um correto temor filial. Vemos a ligação na visão de João, em Apocalipse, onde "as sete estrelas são os anjos das sete igrejas" (Ap 1.20). Mas considere, também, o título divino "o Senhor dos exércitos". Algumas vezes, fica claro que esses "exércitos" são hostes angelicais (1Rs 22.19; Sl 148.2); por vezes, são claramente estrelas (Dt 4.19; 17.3; 2Rs 23.5; Sl 33.6); e, por vezes, a distinção inexiste, como em:

> Desde os céus pelejaram as estrelas contra Sísera. (Jz 5.20)

Consciente desta ligação, Jonathan Edwards comentou sobre Gênesis 15.5 (onde é prometido a Abraão que sua descendência seria como as estrelas):

> As estrelas foram designadas pelo criador para serem um tipo dos santos, a semente espiritual de Abraão. E a aparente multidão desses, que é bem maior do que a multidão de estrelas visíveis, foi designada como um tipo da multidão dos santos.[3]

Assim como o Senhor preenche o universo com inúmeras estrelas, assim também ele preencherá a sua criação com os filhos de Deus. E assim como os "filhos de Deus" angelicais, os santos brilharão "como as estrelas, sempre e eternamente" (Dn 12.3). Eles serão "como os anjos no céu" (Mt 22.30) quando se reunirem ao redor do trono. Como os anjos radiantes agora se prostram

---

3. Jonathan Edwards, "The Blank Bible", ed. Stephen J. Stein, vol.24 de *The Works of Jonathan Edwards* (New Haven, CT: Yale University Press, 2006), 157.

sobre seus rostos, com alegre temor e adoração extasiante perante Deus, assim também, um dia, todos os santos o farão.

Nada mais a temer

Em nossos dias, por termos a tendência de pensar no temor como algo totalmente negativo, não nos agrada o pensamento de que o temor permanece no céu, ou que o temor faça parte da nossa eterna bem-aventurança. Mas o temor do Senhor permanece para sempre (Sl 19.9), de modo que as vozes no céu podem clamar "temei a Deus e dai-lhe glória" (Ap 14.7), e:

> Quem não temerá e não glorificará o teu nome, ó Senhor? (Ap 15.4)

E:

> Dai louvores ao nosso Deus, todos os seus servos, os que o temeis, os pequenos e os grandes. (Ap 19.5)

Com certeza, no céu não haverá mais nada de que se ter medo. Ali, os filhos de Deus estarão finalmente fora do alcance de todo o perigo. Nós seremos purificados e contemplaremos Deus claramente; e, assim, os nossos temores serão corretamente alinhados: não haverá temor de punição, nem haverá em nós qualquer vestígio de temor pecaminoso em relação a Deus. Iremos nos regozijar por conhecê-lo como ele é, sem distorção, sem mal-entendidos e sem sussurros diabólicos de dúvida.

Em vez disso, a nossa clara compreensão sobre Deus irá, então, aumentar a nossa adoração, plena de assombro e tremor. E, depois, quando formos ressuscitados, os nossos corpos ressurretos serão "corpos espirituais", de modo que viremos a portar plenamente a imagem do homem celestial (1Co 15.44-49). Cheios do Espírito do temor do Senhor, partilharemos do mesmo deleite de Cristo no temor do Senhor (Is 11.2-3). Sem qualquer medo, os santos serão envolvidos pelo temor da felicidade que há em Deus e ficarão maravilhados pela exultação da glória de Deus. Em outras palavras, a nossa alegria eterna consistirá precisamente deste temor de Deus: em nos regozijarmos e nos maravilharmos de tal forma que, assim como os anjos, sejamos ardorosos e tremamos, e que maravilhados nos prostremos sobre nossos rostos. Jonathan Edwards expressou-se desta forma:

> Quanto mais eles crescem no conhecimento de Deus e das obras de Deus, tanto mais experimentam da sua excelência; e quanto mais experimentam de sua excelência, *ceteris paribus* ("mantidas inalteradas todas as outras coisas"), tanto mais o amam; e quanto mais amam a Deus, tanto mais prazer e felicidade, *ceteris paribus*, eles encontram nele.[4]

Além disso, ao contemplá-lo, nos tornaremos como ele é. E, assim, "todos nós, com o rosto desvendado, contemplando,

---

4. Jonathan Edwards, "The Miscellanies", ed. Thomas A. Schafer, vol.13 de *The Works of Jonathan Edwards* (New Haven, CT: Yale University Press, 1994), 275–76.

como por espelho, a glória do Senhor, somos transformados, de glória em glória, na sua própria imagem, como pelo Senhor, o Espírito" (2Co 3.18). Então, "seremos semelhantes a ele, porque haveremos de vê-lo como ele é" (1Jo 3.2). Sendo, finalmente, feitos inteiramente como Cristo, nós próprios nos tornaremos seres temerosamente gloriosos, partilhando da sua temível beleza. John Bunyan retratou um pouco disto, na segunda parte de *O Peregrino*, quando os peregrinos são vestidos com linho fino e branco:

> Quando as mulheres foram assim adornadas, elas pareciam ser um terror umas para as outras; pois não podiam ver a glória que cada uma delas possuía em si mesma, a qual via na outra. Portanto, começaram a estimar as outras de uma forma melhor do que a si mesmas. Sois mais justas do que eu, disse uma delas; e, vós sois mais decentes do que eu, disse outra. As crianças também ficaram maravilhadas, ao contemplarem com que vestimentas foram vestidas.[5]

Sem qualquer falsa modéstia ou qualquer interesse próprio, seremos radiantes e, ao mesmo tempo, gloriosos e tomados tão somente por essa glória fora de nós mesmos. Belos como a lua, brilhantes como o sol, os santos serão formidáveis como um exército com bandeiras.

---

5. John Bunyan, "The Pilgrim's Progress: From This World to That Which Is to Come", em *The Works of John Bunyan*, ed. George Offer, 3 vols. (Glasgow: W. G. Blackie & Son, 1854; repr., Edinburgh, Banner of Truth, 1991), 3:190.

Como chamas de fogo

Nos últimos dois séculos, os cristãos entenderam que falar sobre o céu soa um tanto ridículo em uma cultura secularizada e materialista. Portanto, eles têm a tendência de serem mais comedidos do que os seus antepassados, ao falar sobre esse assunto, e se concentram na necessidade básica para estabelecer sua fidelidade às Escrituras. É impressionante, portanto, comparar a abordagem moderna sobre o céu com a das gerações mais antigas, que eram muito mais prontas a falar dos êxtases celestiais e da intensidade emocional da experiência celestial. As gerações anteriores quiseram impregnar nos crentes que estar na presença de Deus não nos dará uma felicidade superficial, mas um prazer extasiante, maravilhoso, cheio de temor e tremor.

O compositor sacro Isaac Watts serve de exemplo:

> No céu, os habitantes abençoados contemplam a majestade e a grandeza de Deus, numa luz tal que fixa os seus pensamentos em gloriosa admiração e na mais humilde adoração, e exaltam essa grandeza e majestade com o mais alto prazer e louvor (...). Quando não apenas os lábios são dirigidos a falar esta sublime linguagem, mas também a alma, essa contempla a Deus na altura de sua majestade transcendente, e se deslumbra com abençoada admiração e surpreendente prazer, mesmo quando o adora na mais profunda santidade e auto-humilhação. Esse é o emblema da adoração do mundo celestial.[6]

---

6. Isaac Watts, *The World to Come* (London: W. Baynes, 1817), 271–72.

E Watts novamente:

> Ó, minha força de pensar, não estás docemente perdida neste sagrado arrebatamento, e dominada pelo prazer divino, ó minha alma, em tal meditação como essa? Não estás deleitosamente surpreendida com os pensamentos de tal autossuficiência e de inconcebível perfeição? (...) Eu me regozijo e tremo.[7]

E também Edwards:

> Se podemos saber algo sobre o estado celestial pelas Escrituras, é que o amor e a alegria dos santos no céu são imensuráveis, estes lhes tangem o coração com a mais forte e mais viva sensação de inexprimível dulçor, comovendo-os, animando-os e envolvendo poderosamente, assemelhando-os a uma chama viva.[8]

Pois, como F.W. Faber o disse de forma tão lírica:

> Ó, Pai! quando para nós no céu
> Tu revelares o teu rosto,
> Então, mais do que nunca, as nossas almas
> Ante a tua bondade tremerão

---

7. Isaac Watts, *The World to Come* (London: W. Baynes, 1817), 278–80.

8. Jonathan Edwards, Religious Affections, ed. John E. Smith, vol. 2 of The Works of Jonathan Edwards (New Haven, CT: Yale University Press, 1959), 114.

> A nossa bem-aventurança será ter
> A tua visão tão de perto,
> E assim o amor eterno será
> Apenas o êxtase do temor.[9]

Nesta vida, quando cantamos juntos, em sincera adoração, temos uma pequena demonstração deste aperfeiçoado temor filial celeste.

> Celebrai a Deus com vozes de júbilo. Pois o Senhor Altíssimo é tremendo. (Sl 47.1-2)

Adquirimos o aroma do evangelho, das Escrituras ou mesmo de alguma beleza da criação, quando esses nos elevam ou nos fazem ficar de joelhos, em doce adoração. Aquela sensação de deslumbramento, quando os nossos corpos reagem espontaneamente à força do nosso sentimento de afeição, é uma pequena amostra do dia em que cairemos aos pés do nosso Senhor, demasiadamente cheios de alegria para ficar de pé.

De fato, todos os medos são um prenúncio. Os medos e temores pecaminosos dos incrédulos são as primícias do inferno; os temores filiais dos cristãos são as primícias do céu.

---

9. F.W. Faber, "The Fear of God", em *Faber's Hymns* (New York: Thomas Y. Crowell & Co., 1894), 101.

Aqui os nossos temores são parciais; mas então, eles serão irrestritos. Por agora, os cristãos veem em parte; é por isso que amamos e nos regozijamos em parte. Ficamos envergonhados por reconhecer que momentos de deslumbramento com tremor filial são raros e pouco intensos. Mas, quando o contemplarmos tal qual ele é, o êxtase será perfeito e absoluto. Em certa ocasião, usando comovente compaixão pastoral, Edwards comparou a pobreza da nossa atual experiência espiritual com a perfeição do céu. Neste mundo, ele explicou, os cristãos são limitados na sua adoração e prazer em Deus.

> Neste mundo, os santos se deparam com tantos empecilhos a esse respeito. Possuem uma grande porção de embotamento e lentidão. Levam consigo um corpo de substância pesada – um torrão de terra -, uma massa de carne e sangue que não é própria para ser o órgão de uma alma inflamada com os sublimes exercícios do amor divino; mas que se depara com um grande empecilho e entrave para o espírito, de modo que não podem ser tão ativos e vivos nele como gostariam. Com frequência, gostariam de voar, mas são derrubados, como se tivessem um peso morto sobre suas asas. Gostariam de ser ativos e subir como uma chama de fogo, mas se encontram, por assim dizer, tolhidos e aguilhoados, de modo que não conseguem fazer o que o seu amor os inclina a fazer. O amor os dispõe a irromper-se em louvor, porém suas línguas não conseguem obedecer; precisam de palavras para expressar o ardor de suas almas e não conseguem ordenar seu discurso por

causa da escuridão (Jó 37.19); e, frequentemente, por carência de expressões, eles consolam a si mesmos com os gemidos que não podem ser exprimidos (Rm 8.26). No céu, porém, não terão tal obstáculo. Ali, não terão qualquer empecilho e embaraço, nem corrupção no coração a guerrear contra o amor divino e a impedir suas expressões; e, ali, nenhum corpo terreno estorvará, com sua lentidão, o fulgor celestial. No céu, os santos não terão dificuldade de expressar todo o seu amor. Suas almas, ardendo em fogo com santo amor, não serão como um fogo encoberto, mas como uma chama visível e livre.[10]

Edwards estava descrevendo a diferença significativa entre o nosso estado de debilidade atual e o vigor da nossa completa vivacidade espiritual no céu. No entanto, mesmo agora, o Espírito está dando ânimo aos crentes. Desde o momento da regeneração, quando ele sopra a nova vida na alma, a obra do Espírito é fazer-nos passar da letargia espiritual para a vivacidade, onde partilhamos da própria vitalidade e deleite de Cristo no temor do Pai. E essa obra é precisamente a respeito do crescimento no temor do Senhor. Temer o Senhor é estar mais *vivo*; para que o nosso amor, nosso regozijo, nossa admiração e adoração a Deus sejam mais intensos e afetuosos. É quando nos regozijamos em Deus tão intensamente, que trememos e estremecemos, que somos mais celestiais.

---

10. Jonathan Edwards, "Charity and Its Fruits," 378–79.

O PODER EXPULSIVO DO TEMOR FILIAL

Talvez o sermão mais conhecido já proferido no púlpito histórico da Igreja de Tron, na cidade de Glasgow, foi *O Poder Expulsivo da Nova Afeição*, de Thomas Chalmers. Nele, ele argumentou que ninguém consegue "despojar o coração de um afeto antigo, a não ser pelo poder expulsivo de uma nova afeição".[11] O seu ponto de vista era que, por nós mesmos, não conseguimos simplesmente nos dispor a amar mais a Deus; o amor ao pecado só pode ser expulso pelo amor de Deus. Chalmers poderia estar se referindo ao temor, pois o temor filial de Deus é a alma da piedade e a essência da nova vida implantada pelo Espírito. É a máxima expressão de afeto e o próprio aroma do céu. É a afeição que expulsa os nossos temores pecaminosos e as nossas ansiedades. É a afeição que expulsa a letargia espiritual. Crescer neste doce e tremendo deslumbramento por Deus é experimentar o céu agora.

---

11. Thomas Chalmers, "The Expulsive Power of a New Affection", em *Posthumous Works of the Rev. Thomas Chalmers*, vol.6 (New York: Harper & Brothers, 1848–1850), 253.

FIEL
MINISTÉRIO

O Ministério Fiel tem como propósito servir a Deus através do serviço ao povo de Deus, a Igreja.

Em nosso site, na internet, disponibilizamos centenas de recursos gratuitos, como vídeos de pregações e conferências, artigos, e-books, livros em áudio, blog e muito mais.

Oferecemos ao nosso leitor materiais que, cremos, serão de grande proveito para sua edificação, instrução e crescimento espiritual.

Assine também nosso informativo e faça parte da comunidade Fiel. Através do informativo, você terá acesso a vários materiais gratuitos e promoções especiais exclusivos para quem faz parte de nossa comunidade.

Visite nosso website

www.ministeriofiel.com.br

e faça parte da comunidade Fiel

Esta obra foi composta em Adobe Garamond Pro Regular 12, e impressa
na Promove Artes Gráficas sobre o papel Pólen Soft 70g/m²,
para Editora Fiel, em Fevereiro de 2022.